［新訳］フランス革命の省察

「保守主義の父」かく語りき

エドマンド・バーク
佐藤健志 編訳

PHP文庫

○本表紙図柄＝ロゼッタ・ストーン（大英博物館蔵）
○本表紙デザイン＋紋章＝上田晃郷

文庫版まえがき――フランス革命は終わっていない

フランス革命とは何か？
二通りの定義が可能である。

（1）絶対王政下にあった一七八九年のフランスで、政府の財政危機を直接的な引き金として生じた革命。「自由・平等・博愛（友愛）」の高邁《こうまい》な理想のもと、当初は立憲君主制をめざす動きも見られたものの、ほどなくして過激化、国王ルイ十六世、王妃マリー・アントワネットの処刑（それぞれ一七九三年一月、同十月）を経て、「恐怖政治《テロル》」と呼ばれる粛清の嵐に至る。一七九九年、ナポレオンのクーデターによって終結。
（2）「人間は理性的能力を駆使することで、従来の社会のあり方を全面的にくつがえし、新しい理想的な社会を建設できるはずだ」という高邁な信念が、しょせん人間はそこまで賢くないという現実に直面したとき、いかなる矛盾や欺瞞《ぎまん》、ひいては自滅的混乱に陥るかをめぐる、壮大かつ凄惨《せいさん》な社会実験。この信念は革命が終結したあとも存続、社会主義、全体主義、グローバリズムといった形で繰り返される。過去二世紀あまりにおける、あらゆる急進的社会改革のひな形。

前者ではフランス革命を、具体的な経緯に即して定義した。同じ出来事を、理念的な本質、および歴史的な位置づけに即して定義したのが後者となる。『フランス革命の省察』は、革命が初期段階にあった一七九〇年にイギリスで刊行された。しかるに著者エドマンド・バークは、革命の具体的な経緯を取り上げつつ、その背後、ないし核心にある理念的な本質まで見事にとらえ、痛烈な批判を展開する。バークの主張はフランス革命のみならず、以後のあらゆる急進的社会改革にあてはまるものなのだ。

フランス革命を知ろうとする者にとり、この本が重要な意義を持つのは言うまでもない。だが『フランス革命の省察』は、「社会の問題はどうやって解決されるべきか」という点に関心を持つ者すべてに多大な洞察を与える。本質的なレベルにおいて、フランス革命は現在も終わっておらず、ゆえに革命をめぐる省察も生きつづけるのである。

◆

本書『［新訳］フランス革命の省察——「保守主義の父」かく語りき』は、このような視点に基づいてバークの原著を編訳したものであり、二〇一一年に単行本として刊行された。それが今回、文庫化の運びとなったのだが、単行本刊行からの九年間を振り返るとき、いよいよもって「フランス革命は終わっていない」と言わねばならない。

二〇一一年、わが国の政権を担ったのは民主党である。ただし二〇〇九年、政権交代をなしとげた際に見られた改革の覇気は、内政・外交の両面で早々に未熟ぶりをさらけ出し、すっかり消え失《う》せていた。二〇一一年三月には東日本大震災が発生、国家を文字通り根底から揺さぶる。

　こうして民主党政権は、みずから否定したはずの自民党政治を、なしくずしになぞるところへ追い込まれていった。国民の幻滅は大きく、同党は二〇一二年に下野するハメとなるものの、本書においてバークはフランス革命政府を次のように批判する。

> いい加減な観念論をぶちあげておいて、あとから恥ずかしげもなく撤回しようとすれば、かくも悲惨な結果を招くのである！（本書、三三二ページ）

　政権を奪還した自民党の安倍晋三内閣は、「日本を、取り戻す。」をスローガンに掲げるなど、ナショナリズムを強調するイメージを打ち出した。ところが二〇一三年、安倍総理はニューヨーク証券取引所でのスピーチで「日本を、アメリカのようにベンチャー精神のあふれる、『起業大国』にしていきたいと考えています」

「もはや国境や国籍にこだわる時代は過ぎ去りました」と発言する。

二〇一四年、世界経済フォーラム年次会議の冒頭演説でも、総理は電力市場の自由化、TPP（環太平洋パートナーシップ）協定の推進、欧州連合（EU）とのEPA（経済連携協定）の推進、二〇二〇年までの対内直接投資倍増など、グローバリズム的な政策を次々に謳《うた》いあげた。これらの改革が実現したとき、「社会はあたかもリセット・ボタンを押したようになって、日本の景色は一変するでしょう」とのこと。

ナショナリズムを強調したあとで、グローバリズムにのめり込むのだから、自己矛盾をきたしているのは明らかだろう。他方、フランス革命に関する著書を多数刊行した歴史家の安達正勝は、『物語 フランス革命』（中公新書、二〇〇八年）で、革命の意義をこう評した。

フランス革命の人々は、自分の国のことだけを考えていたのではなかった。自分たちは地球の表面を一新する運動の先頭に立っている、人類の未来のために闘っている、という意識があった。（中略）ただ非常に残念なことに、一七九二年に対ヨーロッパ戦争が始まってからは（注＝オーストリアやプロシアなど、欧州各国が革命を抑え込もうとしたこともあって、フランスは戦争に打って出た）、世界主義の理想は後退し、自国中心のナショナリズムに取って代わられてゆく。（『物語 フランス革命』、一〇ページおよび一一ページ。表記を一箇所変更）

ナショナリズムからグローバリズムに向かうか、その逆かという違いを別にすれば、安倍内閣とフランス革命政府の姿勢はまるで同じなのだ！

二〇一六年、イギリスが国民投票でEU離脱を選択し、「アメリカ・ファースト」を掲げるドナルド・トランプが米国大統領に当選するなど、グローバリズムからナショナリズムに回帰する傾向が顕在化したことに至っては、出来すぎとしか形容しえまい。「社会はあたかもリセット・ボタンを押したようになって、日本の景色は一変するでしょう」のくだりについては、バークのこんな言葉も紹介しておこう。

諸君は、あたかもフランスがずっと未開の野蛮国であったかのように、すべてを新しく仕切り直した。自国のあり方を全面的に否定して改革に走る、これは出発点からして間違っている。元手もないのに商売を始めるようなものではないか。（本書、九三ページ）

話はまだ続く。近年のわが国では、カジノを中心とする統合型観光リゾート施設（ＩＲ）が、「観光及び地域経済の振興に寄与するとともに、財政の改善に資するもの」（「特定複合観光施設区域の整備の推進に関する法律」第一条）として期待を集めた。首相官邸ホームページに掲載された資料は、ＩＲについて「カジノの収益により、大規模な投資を伴う施設の採算性を担保」と明記しているので、これはギャンブルで国家の財政を改善しようとする試みに等しい。

片やフランス革命政府の政策について、バークは次のように論じる。

とりわけ恐れ入るのは、バクチの方法論で国家を築き上げ、誰もがその精神を身につけるよう仕向けていることである。革命派の主たる目標は、偉大な王国だったフランスを巨大なカジノにつくりかえ、全国民をギャンブラーにすることと評さねばならない。（本書、二七四ページ）

◆

このような符合が、なぜ繰り返し生じるのか？

冒頭で述べた通り、「人間は理性的能力を駆使することで、従来の社会のあり方を全面的にくつがえし、新しい理想的な社会を建設できるはずだ」という信念が、いまもなお成立しているためである。ただし人間はそこまで賢くないという点も変わっていないため、現実の壁にぶつかって自滅的混乱に陥る堂々めぐりが繰り返されるのだ。

信念は理屈を超えたものなので、改革が失敗に終わろうと、それだけでなくなりはしない。否、「失敗したのは改革が十分に徹底されなかったからだ」とばかり、いっそう急進的になることまで起きる。わが国でおなじみの光景だが、フランス革命でもよく似た現象が見られた。

いくら失敗を繰り返しても、革命派はさっぱり懲《こ》りない。これまでに発行したアッシニア（注＝フランス革命に際して発行された通貨）の価値が市場で落ちた。さあどうする？　新しいアッシニアの発行だ。

頑迷な石頭が、自分の間違いをどうしても認めない。治療法は？　アッシニアを刷るんだよ！（本書、三四七ページ）

それでも現実が思い通りにならないときは、矛盾した振る舞いが公然と展開される。バークは本書で「革命により税収が激減、財政が危機に瀕《ひん》したことについて『われわれは民衆の税負担を軽減することに成功した』と自慢する」という例を挙げたが（本書、三六五ページ参照）、現在のわが国では、二〇二〇年に生じた新型コロナウイルスの流行への対応が挙げられねばならない。

政府は当初、同年夏に予定されていた東京オリンピック・パラリンピック大会を意識してか、コロナ対策にさほど積極的ではなかった。大騒ぎしたせいで、開催に悪影響を与えてはまずいという理屈だろう。けれども三月末、同大会の延期が決まると、一転して「短期決戦で感染を収束させる」方針に転換、四月には緊急事態宣言を発出した。

ところが五月に入ると、景気があまり落ち込んでもまずいと宣言を解除、いわゆる「経済優先」の方針に再転換する。七月など、感染拡大の様相が見られたにもかかわらず、感染収束後に実施するはずだった経済刺激策「Go To トラベル」を前倒しで実施したのである！


観念論の暴走ともいうべき今回の革命から立ち直り、国が元通りになるまでには、おそらく相当な年月がかかるのではあるまいか。（本書、一九七ページ）

◆

フランス革命が恐怖政治に行き着いたのも、理性万能の信念と現実のギャップがもたらした必然の帰結といえる。矛盾がどんどんふくれあがったら最後、隠蔽《いんぺい》の手段は暴力以外になくなるのだ。はたせるかな、二〇二〇年代の世界においても、反対意見をヒステリックに排斥したがる傾向や、政治的自由そのものを抑圧したがる傾向が見られる。

ただしこれが、「自由・平等・博愛」の理想の価値を貶《おとし》めるものかどうかは微妙である。理想が高邁、つまり現実にはきわめて達成しにくいものだからこそ、実現をめざすにあたっては、非現実的な信念が必要とされるのではないか。だが当の信念と現実のギャップが、凄惨な流血をもたらすとすれば、粛清の嵐を呼ぶのは、じつは高邁な理想だということになろう。

イギリスのミュージシャン、ロジャー・ウォーターズも、フランス革命を題材としたオペラ『サ・イラ〜希望あれ』（二〇〇五年）の幕切れ近く、「自由」と題された場面で、登場人物にこう歌わせた。

ギロチンを廃止したい
どうにかして苦痛をなくしたい
だが世界を涙から解放するためにも
いまは断頭台をつくるのだ

フランスにおいて「自由」は女性、ないし女神としてイメージされる。くだんの女性は「マリアンヌ」と呼ばれ、革命以来、国そのものの象徴、あるいは自由、平等、博愛、理性の擬人化と目された。本書のカバーを飾る絵画は、一七九三年十一月に行われた「理性の祭典」の様子を描いたものだが、椅子に座っているのが「理性の女神」である。

一七八九年十月の「国王一家パリ連行」(第四章参照)をはじめ、フランス革命では女性が、折に触れて重要な役割を果たしている。革命派の(実質的な)リーダーの一人はジャン・ロラン夫人という女性だし、テロワーニュ・ド・メリクールという高級娼婦は男装のうえ、ピストルやサーベルを身につけてパリを闊歩《かっぽ》、「自由の女性戦士」と褒めそやされた。

果敢に戦う男装の麗人という、この時期のメリクールのイメージは、漫画や舞台で有名な『ベルサイユのばら』の主人公、オスカル・フランソワ・ド・ジャルジェを連想させる（ただしオスカルは由緒正しい将軍家の娘であり、本人も優秀な近衛士官である。念のため）。革命の理想が女性の姿に描かれるのも納得がいくが、フランス革命はシャルロット・コルデーのような女性も生んだ。

コルデーは没落貴族の娘であり、修道院で静かに暮らしていたものの、革命の過激化に憤慨する。そして「人民の友」と呼ばれた急進派の指導者ジャン＝ポール・マラーこそ諸悪の根源だと（まったくの思い込みで）見なしたあげく、単身パリに乗り込み、マラーを暗殺してしまうのだ。

若く美しかったこともあって、コルデーは「暗殺の天使」と呼ばれることになるのだが、彼女のフルネームが「マリー＝アンヌ・シャルロット・コルデー・ダルモン」なのは象徴的ではないだろうか。コルデーの中にも「マリアンヌ」が宿っているのだ。

「自由の女神」と「暗殺の天使」が同じものだとすれば、われわれは永遠に、世界を涙から解放すべく断頭台をつくることになろう。はたして人間は、堂々めぐりから自由になることができるだろうか?

これこそ、フランス革命が突きつけるもっとも重大な問いかけにほかならない。この問いに答えが出ないかぎり、革命は終わらないのである。

佐藤健志

プロローグ 『フランス革命の省察』から学ぶもの

革命一年後の所見表明

本書の原著『フランス革命の省察（Reflections on the Revolution in France）』は、いまから二百三十年前、一七九〇年十一月一日にロンドンで刊行された。著者のエドマンド・バークはアイルランド生まれの政治家で、文人としても知られた人物である。

フランス革命が勃発《ぼっぱつ》したのは一七八九年七月なので、原著が刊行された時点で一年三カ月あまりが経過している。ただし国王ルイ十六世がギロチンにかけられたのは、刊行から二年以上も経った一七九三年一月のことであり、王妃マリー・アントワネットの首が落ちたのは、さらに九カ月後、同年十月のことであった。

革命そのものは、原著刊行のじつに九年後、一七九九年十一月になって終結する。これはナポレオンの政権奪取によるものだが、動乱がほんとうに治まるには、ロシア遠征に敗れたあと、ナポレオンが最終的に没落する一八一五年まで待たねばならない。

『フランス革命の省察』が扱ったのは、革命の初期段階のみだったのである。なおエドマンド・バークは一七九七年七月に死去しており、ナポレオンの栄枯盛衰はもとより、革命の終結すら見ることはなかった。

普通に考えれば、これは同書がフランス革命の全体像をとらえていないことを意味しよう。しかもオックスフォード大学の近代史専門家レスリー・ミッチェルが、同大学出版会より刊行された『フランス革命の省察』に付した解説で述べるところによれば、この本は当時、ベストセラーになったにもかかわらず、必ずしも高い評価を得てはいない。

バークはフランス革命のあり方を激烈に批判しているが、彼は同国の政治に詳しいほうではなく、革命下のパリを訪ねたわけでもなかった。執筆にあたっては、革命に関する資料を（フランス国内で出回った文書も含めて）丹念に集めたようだが、それでも同書には誇張や偏向と受け取られても仕方のない記述はもとより、事実誤認の箇所まで見受けられる。

フランス革命がヨーロッパ中の関心を集めていたこともあって、これらの点はすぐに指摘された。あまつさえバークは、フランス革命に先んじて生じたアメリカ独立革命（一七七六年）については、宗主国イギリスの政治家であるにもかかわらず、支持する立場を取っていたのである。

当時の有力政治家による『フランス革命の省察』評も、ミッチェルはいくつか紹介している。まずはアメリカ独立宣言の大部分を起草し、第三代の大統領にも選ばれたトマス・ジェファーソン。

「フランスでの革命など、バーク氏の豹変《ひょうへん》ぶりに比べれば驚くに足らぬ」

イギリス首相で、革命の過激化を警戒しつつも、長年のライバルだったフランスで王政が崩壊したことを喜んでいたウィリアム・ピット。

「この罵倒《ばとう》は芸術的だ。感服させられる点は多いが、賛成できる点は何もない」

イギリスの政治家で、バークと個人的にも親しかったチャールズ・フォックス（彼はフランス革命を支持していた）。

「どうにも趣味の悪い本だ」

バークはフランス革命にキレているのではなく、ほんとうにイカレているのではないかとする見解すら一部で出回った。一七九〇年代のイギリスでは、誇張された過激な主張をすることを「バーキズム」と呼ぶのが流行《はや》ったそうである。直訳すれば「バーク主義」だが、今風の日本語なら、さしずめ「バークる」であろう。

事の本質を見抜いたバーク

ならば『フランス革命の省察』は、話題性だけを売り物としたキワモノ本にすぎまい。けれども同書には、別の驚くべき特徴もうかがわれる。この革命がいかなる顚末《てんまつ》を迎えるかに関して、バークは的確に見通していたのだ。

すなわち彼は、フランスがどうにもならない混乱に陥ったあげく、軍人による独裁に行き着くだろうと言い切った。不正確な批判をしつつ、正しい結論にいち早く至る、かかる芸当はどのようにして可能になったのだろうか？

まず注目すべきは、バークが革命政府の行動をあげつらいつつも、その基本理念を批判することを真の狙いとしていた点であろう。『フランス革命の省察』が刊行されて約三カ月後の一七九一年一月下旬、同書を高く評価したフランス国民議会議員フランソワ・メノンヴィルにたいし、彼は長文の手紙を書き送っている。じつはメノンヴィル、本の内容には誤りがあるとも指摘したのだが、バークは「貴君が指摘された点、たしかにその通りかと思う」と認めたうえで、次のように述べた。

今回の革命について所見を表明したのは、こんなふうに社会を変えるのが望ましいか、イギリス国民がきちんと判断する助けになればと願ってのことだった。

建築にたとえるなら、現場で石がどのように積み上げられているかを観察するより、設計者がいかなる図面を引いたかを知るほうが重要だと考えた。バカげた理念を、行き当たりばったりの実践でどうにか埋め合わせようとする過程について、いちいち追いかけて何になろう。だいたいキリがない。事態は日を追って収拾がつかなくなっている以上、革命政府は唖然とするようなトンデモ政策を次々と打ち出さざるをえないのだ。それらをまともに論じる意味はない。革命の目標がまやかしであり、リーダーと称する連中もインチキにすぎないことが、日々証明されているだけの話ではないか。

「木を見て森を見ず」ではないものの、表面的なディテールにこだわりすぎると、事の本質は往々にしてわからなくなる。裏を返せば、バークは根源的なレベルにおいて、フランス革命のはらむ問題点を見抜いていたのだ。

バークが批判した革命の基本理念とは何か。一言で要約するなら、それは「正しい目標をめざすかぎり、社会の変化は抜本的であればあるほど良い」と見なす考え方と規定しうる。ここからは当然、「正しい目標をめざすかぎり、社会の変化は急速であればあるほど良い」という結論も導かれよう。そのほうが抜本的な変化が早期に達成されるではないか。

かくして成立するのが、いわゆる急進主義の理念にほかならない。フランス革命の真の重要性とは、「自由・平等・博愛」を謳ったことや、人権宣言を採択したことにあるのではなく、急進主義に基づく史上初の大規模な革命だったことにあるのだ。

急進主義の四つの前提

社会を急速かつ徹底的につくりかえようとする試みは、以後の「革命」の基本形となる。全体主義や社会主義はむろんのこと、明治維新をきっかけとしたわが国の近代化・欧米化や、敗戦後にわき起こった民主主義礼賛《らいさん》なども、急進主義の影響を抜きには考えられない。

いや、近年の「改革」志向とて、遠くフランス革命に通じている。二〇〇〇年代前半、改革の旗手となった首相・小泉純一郎が「古い自民党をぶっ壊す」と宣言したことや、二〇〇九年、当の自民党を下野《げや》させることで首相となった鳩山由紀夫が、「博愛」ならぬ「友愛」という言葉を好んだことは、この点で象徴的と評しえよう。

しかるに「正しい目標をめざすかぎり、社会の変化は抜本的であればあるほど良く、また急速であればあるほど良い」という発想は、次の四つの前提のうえに成り立つ。

（1）人間は、社会のあり方を望ましくする方法論を適切に考案する理性、およびそれを確実に実現してゆく能力を持っている。
（2）社会を望ましくする方法論が二つ以上存在する場合、人間は個人的な利害関係や感情にとらわれることなく、どれが良いかを冷静に判断できる。
（3）右二つの前提は、社会全体で成立している。言い換えれば、みずからのあり方を望ましくしようとすることにかけて、社会は首尾一貫した単一の意志を持っていると見なして構わない。
（4）社会のあり方を変えることに伴うコストや副作用は、変化のスピードを上げたからといって顕著に増大することはない。

まさしく「善は急げ」だが、問題はこれらの前提が、どれ一つとして妥当とは言いがたいことである。

ここで引き合いに出されるべきは、フランス革命が勃発する直前に刊行された小冊子『第三身分とは何か』であろう。「第三身分」とは平民のことであり、「第一身分」の聖職者、「第二身分」の貴族に対比してこう呼ばれる。

著者のエマニュエル＝ジョゼフ・シエイエスは、平民の生まれから聖職者となった人物ながら、第一、第二身分が（平民を抑圧することで）不当に特権を享受していると批判、万人の平等を訴えた。すなわち同書は革命に向けたマニフェストとも呼ぶべきものにしろ、シエイエスでさえ先に挙げた四つの前提を全面的には肯定できていない。

彼は冒頭、望ましい社会のあり方を構想する人間を「哲学者」、その構想を実践する人間を「為政者」と定めた。哲学者の責務は、自由で純粋な思考を駆使して真理を極限まで追究し、反発や無理解を恐れずにそれを広める――要するに知的な急進主義に徹することとされる。ところが為政者の責務は、正しい方向性から逸脱しないよう注意しつつ、一歩一歩着実に進んでゆく――つまり「急がば回れ」

の姿勢を取ることとされるのだ。

しかもシエイエスは、フランス国民全体が、個々の細かい利害を超えた共同の意志を持っているとしたものの、これは聖職者と貴族が平民を抑圧しているとする主張と嚙み合わない。このため彼は、人口の大多数を占める平民こそ「国民」そのものだと述べ、聖職者と貴族を（進んで平民の味方に回ろうとする者を除いて）「非国民」のごとく扱うことにより、やっと議論の整合性を保つ始末であった。

名著として読み継がれたゆえん

前提が誤っているのだから、急進主義は挫折する運命を背負っていると評しても過言ではない。なるほど急進主義者の掲げる目標には、肯定すべき点が含まれていることが多いし、改革を実践してゆく過程では、相応の望ましい成果もあがる。

けれども時が経てば経つほど、物事を急激に変えつづけようとすることのコストや副作用がふくれ上がり、たいてい最後には「労多くして功少なし」か、下手をすれば「骨折り損のくたびれ儲け」に陥ってしまう。また急進主義は、人間の理性や能力、あるいは社会的協調性について過大評価する傾向が強いものの、これは「実際にはできないことを『できる』と言い張る」ことに等しく、偽善や欺瞞につながりやすい。

『フランス革命の省察』が名著として読み継がれたゆえんも、かかる問題点をずばり指摘したことにある。エドマンド・バークは、二世紀以上前にこう言い切った。

国家を構築したり、そのシステムを刷新・改革したりする技術は、いわば実験科学であり、「理論上はうまくいくはずだから大丈夫」という類《たぐい》のものではない。現場の経験をちょっと積んだくらいでもダメである。

政策の真の当否は、やってみればすぐにわかるとはかぎらない。最初のうちは「百害あって一利なし」としか思えないものが、長期的にはじつに有益な結果をもたらすこともある。当初の段階における弊害こそ、のちの成功の原点だったということさえありうる。

これとは逆の事態も起こる。綿密に考案され、当初はちゃんと成果もあがっていた計画が、目も当てられない悲惨な失敗に終わる例は珍しくない。見過ごしてしまいそうなくらいに小さく、どうでもいいと片付けていた事柄が、往々にして国の盛衰を左右しかねない要因に化けたりするのだ。

政治の技術とは、かように理屈ではどうにもならぬものであり、しかも国の存立と繁栄にかかわっている以上、経験はいくらあっても足りない。もっとも賢明で鋭敏な人間が、生涯にわたって経験を積んだとしても足りないのである。

だとすれば、長年にわたって機能してきた社会システムを廃止するとか、うまくいく保証のない新しいシステムを導入・構築するとかいう場合は、「石橋を叩いて渡らない」を信条としなければならない。（本書、一二四〜一二六ページ）

バークの主張が、フランス革命のみならず、全体主義や社会主義、あるいはわが国の「改革」ブームへの警鐘ともなっているのは疑いえまい。「急進主義に基づく徹底した社会改革」をめざした点で、フランス革命はその後の「革命」全般のひな形となったわけだが、同革命を根源的なレベルで批判したことにより、『フランス革命の省察』もまた、急進主義の問題点をめぐる古典的分析となった。

事実を超えた真実の提示

興味深いのは、同書の誇張や偏向、あるいは事実誤認が、ここでむしろプラスに働いたことであろう。バークはフランス革命のはらむ本質的な問題を把握したうえで、当の問題点がことさら際立つようにそのあり方を記述した。

結果として、彼の描き出した革命の姿は、特定の歴史的事件をめぐる記述でありながら、「急進主義に徹したあげく収拾のつかなくなった社会改革」全般の戯画《カリカチュア》となっている。しかもそこには、人間の平等性、あるいは民主主義の価値といった、現在ではしばしば自明と見なされる事柄についての疑問も提起されているのだ。

『フランス革命の省察』は、事実関係において不正確であるからこそ、おそらくはバーク本人の意図をも超える形で普遍性を獲得したのである。同書が発表当時に不評だったことと、のちに高い評価を確立したことは、こう考えれば矛盾しない。

革命がリアルタイムで進行している時点の読者には、事実関係の不正確さや、激越なレトリックが不満のタネとなったのにたいし、革命が過去の出来事となり、距離を置いて眺められるようになった後世の読者は、それら「脚色」によって得られた普遍性に感服したのだ。これが「当初の段階における弊害こそ、のちの成功の原点だったということさえありうる」実例となっているのは、いささかできすぎた話だろう。

先に「戯画」という言葉を用いたが、「本質的な特徴をとらえ、それが際立つように表現を誇張する」ことこそ、風刺の方法論にほかならない。新聞や雑誌に掲載される有名人の似顔絵は、どれもこのような手法によって描かれている。

バークの省察も、フランス革命についての論評というより「同革命をモチーフとした、急進主義的改革をめぐる風刺文学」と見なしたほうが、その真価を味わうことができよう。本来これは、ジョナサン・スウィフトの『ガリバー旅行記』や、ジョージ・オーウェルの『動物農場』などと比較されるべきものなのだ。

ただし『ガリバー旅行記』や『動物農場』の場合、いかに政治的寓意があろうと、虚構の物語なのは間違えようがない。これにたいし『フランス革命の省察』は、現実の大事件を扱い、かつ論考という形式を取っているだけに、風刺文学的な本質が見えづらかった次第である。

刊行当時のイギリス首相ウィリアム・ピットが「この罵倒は芸術的だ」と語ったのは、こう考えるとき、なかなか意味深長となる。事実をありのまま提示するのではなく、事実を超えた真実を提示することこそ、芸術の果たすべき役割ではないか。ならば罵倒も、芸術の域にまで達した際には、真実に通じて不思議はあるまい。

なぜ原著を再構成したか

本書は『フランス革命の省察』の日本語訳だが、原著の全訳ではなく、「急進主義的改革への風刺的批判」という特徴が際立つ部分を中心に再構成したものである。なぜこうしたのか、理由を述べておきたい。

すでに紹介した通り、バークがフランス革命にたいする見解を発表したのは「こんなふうに社会を変えるのが望ましいか、イギリス国民がきちんと判断する助けになれば」という思いからであった。当時のイギリスには、フランス革命を称賛し、それに倣《なら》おうとする急進的な政治勢力が存在したのだ。はたせるかな、原著の正式な題名は『フランスで生じた革命、およびそれに呼応せんとするロンドン諸党派の動向をめぐる省察』となっている。

「隣の家が火事になったら、こちらも消防の準備をしておくべきではないか。取り越し苦労を笑われるほうが、用心を怠ったあげく何もかもパアにするよりずっと良い」というのが、これについてのバークのコメントながら、『フランス革命の省察』には、古典的名著としての普遍性と、「一七九〇年代初頭のイギリス人読者」を強く意識した時事性とが同居している。もとより時事性も風刺の重要な要素に違いないにしろ、われわれは二十一世紀に生きている以上、これは原著に時代遅れの部分もあるというに等しい。

たとえばバークは、リチャード・プライス牧師なる人物が行ったフランス革命礼賛の説教について、原著の前半部分で繰り返し取り上げて批判した。この説教、十七世紀のイギリスで生じた「名誉革命」を、フランス革命と関連づける形で扱っている。

ゆえにバークの省察も、名誉革命に関する議論から始まるのだが、プライスはイギリス人を革命へと駆り立てるどころか、原著が刊行された直後に世を去ってしまう。フランス革命政府の行動を詳述したくだりとて、誇張や偏向、事実誤認などの点を抜きにしても、当の行動自体がどんどん変わっていった。

どちらに関しても、全面的に割愛することはできないものの、逐一紹介する価値は薄い。そのうえ原著は、決して読みやすい構成になっていないのだ。というのもバークは、もともとこれを手紙として書いたのである。

フランス革命が勃発して数カ月が過ぎた一七八九年秋、バークは知り合いの青年シャルル＝ジャン・フランソワ・デュポン（ドポンとも表記される）より、革命にたいする見解を聞かせてほしいという手紙を受け取った。パリ在住のデュポンは国民議会のメンバーでもあり、明らかに激励の言葉を期待していたのだが、革命の過激化（および、それがイギリスに飛び火する危険性）を懸念したバークは、えんえんたる批判の返事を書きつらねる。さらに彼は翌一七九〇年の早春、この手紙の公刊を決意するに至った。

こうして同年十一月、『フランス革命の省察』は出版されるものの、知り合いに宛てた手紙として書かれたこともあって、同書には「綿密に構成された論考」というより、「毒舌に満ちた随筆」と形容されるべき側面も見られる。おまけにこの省察、全訳すれば上下巻にもなるほど大部なものにもかかわらず、章分けなどはまったくなされていない。

版によっては、全体が二部に分けられ、随所に見出しが添えられている場合もあるが、これは後世の編集者が読みやすさを考えて挿入したものなのだ。バーク自身、次のように断わっている。

この省察は手紙という形式で書き始められた。事実、当初は純然たる私信にすぎなかったのである。ゆえに分量が長くなり、議論がふくらんだあとも、手紙としての性格を消し去ることはできなかった。もっと別の形式を取ったほうが、論点を手際よく展開できたかもしれない、私はそう自覚している。

本書における再構成は、そのような「もっと別の形式」を探求する試みと理解していただきたい。『フランス革命の省察』で提起された論点には、一七九〇年の刊行当時より、現在のほうがいっそうタイムリーと評しうるものが多々見られる。したがって、それらを極力読みやすい形で提示することには大きな意義があると思われるのだ。

フランス革命の勃発した十八世紀末は、世の中の変化するスピードが、産業革命によって一気に加速した時代であった。急進主義による抜本的な社会改革という発想も、このような背景を踏まえて生まれたのだが、以後も変化のスピードはどんどん速まっている。

しかも現在では、経済をはじめとするさまざまな分野でグローバル化が進んだため、局地的なものとして始まった変化が、すぐさま世界全体に波及するようになった。二〇〇八年のリーマン・ショックをはじめとする金融危機、テロや大量破壊兵器の拡散、感染症の急速な流行、あるいは気候変動などは、その代表的な例であろう。

これは「急進主義的な改革によって問題を解決したい」という誘惑が、国内的にも国際的にも高まることを意味する。ところが当の改革が（ほぼ確実に）挫折を運命づけられていることは、過去二百年間に行われた急進主義実践の試み、わけても二十世紀における社会主義の試みが失敗に終わったことに示される通りなのだ。

人間観・社会観を問い直せ

「物事を抜本的に変えねばならない」という思いと、「物事を抜本的に変えようとしてもうまくいかない」という思いに引き裂かれ、みずからの立ち位置を決めかねている——それが二十一世紀におけるわれわれの実情ではないだろうか。「構造改革」にたいする不満が高まる一方で、新たな抜本的改革として「政権交代」がもてはやされ、それにも失望が深まったあげく、再び構造改革が進められるという、平成の日本に見られた堂々めぐりも、かかるジレンマの表れと解しうる。

けれども「改革への不満を解消するため、さらなる改革に走る」というのは、いかんせん「バカげた理念を、行き当たりばったりの実践でどうにか埋め合わせようとする過程」にすぎず、「どんどん収拾のつかなくなってゆく事態に何とか対処しようと、トンデモ政策を乱発する」ことに行き着く。そんな状況のもとで、社会をできるだけ望ましい状態に保つにはどうすべきか。

「正解」が簡単に出るようなら、誰も苦労はしない。ただしすでに指摘した通り、急進主義の根底には、人間の理性や能力、あるいは社会的協調性を高く評価する価値観が潜む。ならば「急激に変化してゆく世の中に、急進主義に陥ることなく対応する方法」を見出《みいだ》すには、われわれの人間観・社会観を問い直すことが必要になろう。

バークが語った通り、ここでは個々の政策を云々《うんぬん》することよりも、根本の理念を問い直すことが肝心なのだ。そして『フランス革命の省察』は、急進主義的な改革の問題点を、まさしく人間観・社会観のレベルで提起している。たとえば、こんな具合にである。

フランス国民議会が改革と称して、既存の制度の廃止やら全面的破壊やらにうつつを抜かしているのも、困難に直面するのをいやがって現実逃避を図っているにすぎない。物事をぶち壊したり、台なしにしたりするには、手腕ではなく腕力があれば十分だ。そんなことに議会はいらぬ、暴徒にやらせておけばよい。バカであろうと粗野であろうと、何も困りはしないのである。

物事をこれまでと正反対にするのも、安直さにかけては、すべてをぶち壊すのといい勝負である。前例のないことを試すのは、じつは気楽なのだ。うまくいっているかどうかを計る基準がないのだから、問題点を指摘されたところで「これはこういうものなんだ」と開き直ればすむではないか。熱い思いだの、眉唾《まゆつば》ものの希望だのを並べ立てて、「とにかく一度やらせてみよう」という雰囲気さえつくることができたら、あとは事実上、誰にも邪魔されることなく、やりたい放題やれることになる。（本書、二四一～二四三ページ。段落の処理を変更）

しかり、急進的改革とは、ただやるだけならバカでもできる。急進的改革を成功させるとなれば別だが、改革が切実に必要とされていればいるほど、「はたしてうまくいっているのか」をめぐる判断は狂いやすい。理由は簡単、「うまくいってほしい」という願望が人々の目を曇らせるのである。

社会を迅速、かつ抜本的に望ましくするための方法論を、適切に考案したり、実行したりすることは可能か？　そこまでの賢明さは人間に期待しうるものなのか？

バークの議論の根底には、このような懐疑が潜む。彼の政治的な姿勢は「保守主義」と呼ばれるが、「人間の限界や欠点を直視したうえで、なお社会のあり方をできるだけ望ましくしようとする姿勢」と定義したほうが的確であろう。

「おのれ自身を知れ」をモットーにしたのはソクラテスであり、これにたいして「おのれ自身を知ったら最後、私は尻尾《しっぽ》を巻いて逃げ出す」と応じたのはゲーテである。ならばエドマンド・バークは「おのれ自身を知り、かつ逃げ出さずにすむにはどうしたら良いか」を追求したと言えよう。そしてフランス革命当時に比べ、二十一世紀のわれわれのほうが、人間のあり方を直視できているとはかぎらないのである。

本書の訳出に際しては、レスリー・ミッチェルの解説と注釈が付されたオックスフォード大学出版会版（一九九三年）を底本とし、スタンフォード大学出版会より刊行された注解版（J・C・D・クラーク編、二〇〇一年）、および岩波文庫より刊行された全訳日本語版（中野好之訳『フランス革命についての省察』二〇〇〇年）を参照した。

とくに訳注については、これらの版の注釈に負う点が多い。各版の編者、および訳者に謝意を表したい。

●各章扉の写真について

＊〈　〉内は写真提供クレジット

プロローグ　現代の中国・ウルムチの暴動。自由と秩序は今なおせめぎ合っている。〈ＡＦＰ＝時事〉

第一章　バッキンガム宮殿前の衛兵。名誉革命の国にふさわしく、伝統を感じさせる。

第二章　モン・サン＝ミシェル城。フランス西海岸のサン・マロ湾に浮かぶ。

第三章　アヴィニョンの街並み。

第四章　国王ルイ十六世。〈Bridgeman Art Library/PANA〉

第五章　パリのノートルダム寺院。革命派はここで理性を崇拝する祭典を行った。

第六章　シャルル・ド・ゴール広場の凱旋門。革命一周年を祝う「(全国)連盟祭」でも、会場に凱旋門がつくられた。ただし表面の材質はなんと厚紙！

第七章　名君・アンリ四世像。革命派はアンリを称賛したものの、やがてこの像を壊して溶かし、大砲の砲身をつくった。現在の像は修復された複製。〈PANA〉

第八章　プロヴァンス地方。かつては一つの州だったが、革命によって廃止された。

第九章　パリ市街の風景。

第十章　パリ・コンコルド広場。ルイ十六世の首はここで落ちる。

第十一章　ナポレオン。英雄、ないし独裁者として革命の混乱を収拾する。とはいえ、軍人支配の宿命からは逃れられなかった。〈Bridgeman Art Library/PANA〉

終　章　ベルサイユ宮殿。広大で優雅な庭園が、かつての王政をしのばせる。

［新訳］フランス革命の省察——目次

第二章　過去を全否定してはいけない

第三章　人間はどこまで平等か

第四章　革命派の暴挙を批判する

第五章 教会は大事にすべきだ

第六章　フランスに革命は不要だった

第七章　貴族と聖職者を擁護する

第十章 社会秩序が根底から崩れる

第十一章　武力支配と財政破綻

終章　フランス革命が残した教訓

第一章 フランス革命と名誉革命の違い

本書はパリに住む若い紳士との文通を発端に生まれた。私はこの紳士より、フランスで起きている革命についての見解を求められたのである。革命は当時、すでに人々の関心の的《まと》となっていた。

一七八九年十月、私は返事を書いたものの、送るのをしばらくためらった。結局、遅延の理由をめぐる短い手紙を添えて郵送したのだが、パリの紳士は私の考えをさらに強く聞きたがった。

こうして私は、フランス革命をより詳細に論じるに至った。以下の省察には、このような経緯があると了解してもらえれば幸いである。

私は革命支持派ではない

フランスで起きている事態をどう思うか、あらためてぜひ知りたいとのこと。表明断わっておけば、私は自分の意見にさほどの価値があるとは思っていない。表明してもしなくても、大した違いはないという程度だろう。最初の返事をすぐに送らなかったのも、こんな文章をわざわざ読ませなくても、と迷ったためだった。

私の見解は個人的なものであり、何らかのグループを代表して書いているわけでもなければ、受け売りをしているわけでもない。それは前回も今回も同じである。内容に誤りがあれば、間違えたのは私であり、評判を落とすのも私ということだ。

先の返事からも明らかだろうが、私はこの革命を、残念ながら非常にいかがわしいものと見なしている。フランスに理性的な自由の気風が満ちるのは大賛成だ。そしてフランス人は、その気風にふさわしい国家と政府を築き上げるべく、真剣に努力しているものと思う。だが、それでも眉に唾をつけざるをえないのである。

受け取った手紙から察するに、君は私を革命支持派と想像したようだ。なるほどロンドンの政治団体には、フランス革命をおおっぴら、かつ大真面目に称賛するものも存在している。一つは憲法協会で、もう一つは名誉革命協会である（訳注＝「名誉革命」は一六八八年にイギリスで起きた政変。国王ジェームズ二世と議会の対立に起因するが、武力抗争なしに解決された。ジェームズ二世は国外に逃れ、オランダに嫁いでいた娘メアリが、夫であるオラニエ公ウィレムともども、議会の招請を受けて即位する)。

私は私で、いくつかの政治団体に所属しているが、それらもわが国の憲法と名誉革命の両方を高く評価するものである。流血沙汰を避けつつ国家の危機を収拾した名誉革命の意義と、当の国家の根本をなす憲法を擁護する点にかけては、誰にもひけをとらぬつもりだ。

しかし、だからこそ断わっておかねばならない。世の中には、国体の基盤たる憲法を愛するとか、名誉革命の偉業をたたえるとか言いつつ、何かにつけてそれらの理念を逸脱したがる者たちもいる。

イギリスの国体は、明確な目的意識を持ちながらも、慎重に熟慮を重ねて築かれた。名誉革命にしても、かかる「明確な熟慮」の精神を踏まえることで可能になったのである。国を真に愛する者は、些細なきっかけでこの精神を捨て去りかねない連中と一緒くたにされないよう注意しなければならない。

本題に入る前にハッキリさせておこう。憲法協会にしろ、名誉革命協会にしろ、私はいっさい関係していない。ただしフランスでは、もっぱら名誉革命協会のほうが、革命支持派として感謝や称賛を受けているようなので、以後はこちらの団体だけを取り上げることにする。

自由なら何でも良いのか？

力強く、モラルを持ち合わせ、秩序と両立する自由――それを愛する点では私とて、名誉革命協会のいかなるメンバー（実際にどんな連中かは知らぬが）にも劣らない。他国の人々が自由を享受しているからといって、妬《ねた》んだりするつもりも毛頭ない。

けれども人間社会に関する事柄については、肯定するのであれ否定するのであれ、まずはじっくり見定める必要がある。

社会は抽象概念によって構成されているわけではない。抽象概念なら、他のあらゆるものから切り離された形で、むきだしのまま存在しうるだろう。しかるに現実の社会では、いかなる政治的理念も、具体的な状況と無縁ではない。

この具体的な状況というやつ、ある種の連中には何の関心も引き起こさないようだが、じつはこれによって、同じ理念が異なる特徴を持ったり、違った結果をもたらしたりする。社会的な事業や政策が、利益をもたらすか害悪となるかは、具体的な状況との兼ね合いで決まるのだ。

抽象的に割り切れば、政府があるのは良いことであり、自由もまた望ましい。だからといって、たとえば十年前の段階で「フランスには政府がある、したがっていい国だ」などと評価できただろうか？　いまと違い、十年前のフランスには政府と呼べるものが存在したにしろ、まずはその政府がどんなもので、いかなる形で国を治めているかが問われねばなるまい。

だったら現在、「フランスは自由になった、したがって革命は望ましい」と評価してしまっていいだろうか？　抽象概念としての自由は、たしかにプラスの価値を持つ。だとしても、精神科の病院から脱走した患者に向かって「輝く太陽のもとに飛び出し、自由になれて良かったね」と祝福するのは妥当なことか？　薄暗い病室に閉じ込められることで、患者はむしろ守られていたのだ。

追いはぎや殺人を犯したかどで収監された犯罪者が脱獄したら、彼が人権を取り戻したことを称賛すべきなのか？　厳罰を受けて当然の連中に親切にしてやるのが、かえって仇《あだ》になることは『ドン・キホーテ』の物語にも描かれている通りである。

自由を求める動きの高まりは、はじめのうち「あらゆる制約を取っ払いたい」という形で表れる。この段階で言えるのは、止めようのない勢いで何かが噴出していることだけ。それは炭酸ガスが爆発的に噴き出すのと似ている。よしあしを冷静に判断するには、この発泡現象が静まるまで待たねばならない。

ブクブクと盛んに泡立つ表面の下で、何が起きているか見えるようになってからということだ。「人々は幸せになった」と公言するには、ほんとうに幸せになったかを確かめる必要がある。お世辞とは、言う側と言われた側をそろって堕落させるもの。国王にへつらうのは見苦しいが、民衆にへつらうのは望ましいなどと思ってはならない。

フランス革命は手本にならぬ

フランスの新たな自由を祝福するのは、次に挙げる事柄が検証されてからのことである。

この自由は、政府による統治といかなる形で結びついているか？　公《おおやけ》の権威は保たれているか？　軍隊は規律正しく、統帥は乱れていないか？　国の歳入、および歳出は健全か？　モラルや宗教は安定しているか？　所有権は保障されているか？　平和と秩序は実現されているか？　人々の振る舞いには落ち着きが見られるか？

これらもまた、そろってプラスの価値を持つ。そしてこういった点が満たされていないとき、自由であるのは望ましいことではないし、そもそも長続きしないだろう。

自由とは、誰でもやりたいことをやって良いことを意味する。ならば祝辞を述べるのは、人々が具体的に何をするかを見てからだ。さもないと、舌の根の乾かぬうちに批判を並べるハメになりかねない。

個人の場合なら、自由になったところで何でも好き放題にやることはない。分別が働くためである。だが人々が集団で自由に振る舞うということは、彼らが傍若無人の権力を手にしたことに等しい。だとすれば、当の権力がどのように使われるかを見てから、賛成なり反対なりの立場を表明するのが賢明だろう。

今回の革命では、権力の性格そのものが一新されたうえ、いままで権力とは無縁だった者たちの手に託された。彼らの信条や性格、あるいは振る舞いについては、ほとんど何も知られていない。あまつさえ「革命の旗手」のごとく見える連中の背後に、黒幕がいる可能性まであるときては、軽々しく「自由万歳」とは言えないのだ。

最初の返事を書いたころ、私は田舎にいたので、名誉革命協会が具体的にどんな活動をしているのか知らなかった。ロンドンに出向いた際、同協会が刊行した講演録を入手したが、これはプライス博士（訳注＝プロローグで紹介したリチャード・プライス牧師を指す）の説教を、いくつかの付属資料とあわせて収録したものである。付属資料は、ラ・ロシュフコー公爵やエクス大司教（訳注＝ともにフランスの革命派）からの手紙などであった。

講演録を読み、私は少なからず落ち着かなくなった。なぜならそれは、フランスにおける革命をわが国と結びつけ、イギリス人もフランス国民議会を手本とすべしという主張を明確に打ち出していたのだ。けれども国民議会が、フランスの国威、信用、繁栄、平安をいかに脅かしているかは、日々明らかになっている。この混乱を収拾するために、いかなる内容の憲法を制定し、どのような政治体制を築くべきかも見当がついてきた。

いまやわれわれは、フランス革命の本質を冷静に見きわめられる段階に達している。不用意な発言を控えて礼節を保つことは、しばしば賢明な振る舞いとなるものの、時には言うべきことを言うほうが賢明な場合もある。

イギリスにおける政治的混乱の火種は、目下ささやかなものにすぎない。しかしフランスでは、わが国と比べてもささやかな兆候しかなかったにもかかわらず、とんでもない大騒乱があっという間に起こり、天に唾するかのごとき事態となっているではないか？

プライス牧師に物申す

手紙という形式ゆえ、構成を気にすることなく、思いつくままに見解を書き並べてゆくのを了承していただきたい。また私は、名誉革命協会にたいする批判から始めるが、議論がそれにとどまることはないだろう。

この協会を否定しさえすれば事足れりなどということがありえようか？　現在、われわれは巨大な危機に直面しているように思われる。今回の革命はフランスのみならず、ヨーロッパそのもの、いや世界全体にとっての一大事なのだ。

歴史に革命は数あれど、フランス革命ほどメチャクチャなものはかつてない。仰天するような出来事が次々に起きている。革命政府の姿勢や方法論は、たいてい不条理かつバカげたものにすぎず、軽蔑《けいべつ》にしか値しない。

支離滅裂なヒステリーとも呼ぶべき、かかる混乱のもとでは、自然な秩序は完全に崩れており、あらゆる犯罪や愚行が一緒くたに繰り広げられている。悲劇的にして喜劇的な革命の光景を眺める者の胸中には、さまざまな矛盾する感情があふれ、互いに混ざり合う。軽蔑とともに怒りをおぼえ、笑ったあとで涙を抑えることができず、非難しつつも恐怖に駆られるといった具合。

ところがこんな狂気の沙汰を、およそ異なる視点でとらえる者たちがいるのも否定しがたい。彼らは興奮と感激をもって、フランス革命こそは「人間の自由」を明確かつ適切な形で実現しようとするものと見なすのだ。

プライス牧師のような説教がわが国でなされるのは、おそらく一六四八年いらいはじめてのことだろう（訳注＝イギリスでは一六四〇年代、国王チャールズ一世と議会との対立によって「ピューリタン革命」が勃発した。チャールズは一六四八年、議会軍によって監禁され、翌年に処刑される。以後、王位は一六六〇年まで空白となった）。とはいえ宗教家の発言は、政治家の演説とは全然違っていなければならない。両者を混同するのは、自由と秩序の双方にとってマイナスである。

おのれの本来の責務をうっちゃらかし、無関係な責務に手を染めようとする者は、多くの場合、どちらについても理解していないのだ。何も知らないまま政治に口を出し、実地の経験もないまま主義主張をぶちあげるようでは、デマゴーグとなるのが関の山だろう。

説教によれば、イギリス国王は「世界でほとんど唯一、正当性を持った王」と位置づけられる。というのもわが国では、名誉革命の際に「国民が王になるべき人物を選択した」ためらしい。そしてプライス牧師は、同革命によってイギリス国民は次に挙げる三つの基本的な権利を獲得したと述べる。

(1) 自分たちの統治者を選ぶ権利
(2) 失政・悪政をしでかした統治者を追放する権利
(3) 自分たちのために政府をつくる権利

この前代未聞の権利宣言は、国民全体の名においてなされているが、名誉革命協会が勝手に唱えているにすぎない。イギリス国民はこんな権利など関知していないし、受け入れもしないのだ。

最高機関にも道義的制約がある

一六八八年に生じた名誉革命の精神をもっとも的確に体現したもの、それは権利宣言（訳注＝一六八九年にイギリス議会が制定した法律。「権利章典」という名称のほうが一般的）をおいてほかにない。

これは「国民の権利と自由を宣言し、かつ王位継承の原則を確定させるための法律」と呼ばれる。国民が権利と自由を有することは、王位が世襲により継承されることと一緒に表明されており、密接不可分と見なされているのである。

同革命でウィリアム王が即位したことは、厳密には世襲による王位継承の原則を少々逸脱していた（訳注＝この国王ウィリアム三世は、もともとオランダの「オラニエ公ウィレム」であった。彼の妻メアリは、イギリスの先王ジェームズ二世の娘にあたるが、ウィレム自身が王位を継ぐ立場にあったとは言えないため。なお「ウィリアム」は「ウィレム」の英語読み）。けれどもこれは、特定の個人をめぐる例外的な事例であり、ここから一般的な原則を引き出そうとするなど、法律的にはナンセンスにすぎない。

「国民に選ばれた王のみが正当な王である」という原則を確立するうえで、名誉革命は疑いなく絶好の機会だった。裏を返せば、革命の際にそのような動きが見られなかったことは、イギリス国民が「世襲による王位継承はつねに尊重されるべし」という見解を持っていることの証明である。

だいたい当時の状況を思い返せば、議会がウィリアム王の即位を受け入れたことを、「王になるべき人物を選択した」などと見なすほうがおかしい。受け入れなかった場合、国外に去った先王ジェームズを呼び戻すか、流血の内戦に突入し、宗教、法律、自由のすべてを破滅的な危機にさらすかのどちらかだったのだ。ウィリアム王の即位は、必然、それもきわめて道義にかなった必然だったと言わねばならない。

名誉革命の際、ある意味では「誰でも好きな人物を国王にできる」状況が成立していたのは事実である。先王との対立に勝利した者たちには、十分な権力があったし、それを裏打ちする武力もあった。

だが、そんなことをやり出したら最後、王室を廃止するのも自由だし、イギリスの国体を好き勝手にいじってよいという話になりかねない。革命の主導者たちは、そこまで大胆な変革をする資格が自分たちにあるとは考えなかった。

このときの議会は、まさに国権の最高機関と呼ぶべき存在である。最高機関というからには、理屈では何をやっても構わないことになろう。ただしいかなる権力であれ、その力には道義的な制約が課せられる。

くだんの制約は議会どころか、さらに絶対的と呼びうる権力にもつきまとう。どんなに高い地位や肩書きを持つ者であろうと、一時的な思いつきで権力を行使することは許されない。普遍的な理性、宗教的良心、信義や公正さ、国家の伝統的なあり方といったもののほうが尊重されるべきなのだ。

たとえば議会上院は、下院を廃止する権限を道義的に持たない。それどころか上院は、みずからを廃止する権限も持たないし、立法活動における職務を放棄する権限もない。王にしたところで、自分ひとりが退位することはあっても、王政そのものを廃止する権限はない。

名誉革命に見る保守の真髄

権力にたいする道義的な制約の根拠となるのは、社会は合意と契約のうえに成り立つという事実である。この合意と契約を体現したものを、ふつう憲法というが、これが度を超えた横暴や責任放棄を禁じているのだ。

国家を構成するさまざまな機関は、互いに信義を保たねばならない。国民全体にたいしてもそうである。これは国家が、諸外国への信義を保つ必要があるのと同じくらい重要なことと言える。でなければ「道義的に許されること」と「力さえあればできること」は一緒くたにされ、その時々の権力者がしたい放題をするようになってしまう。

王位世襲の原則が不可侵であることと、非常事態に際して原則の変更がありうることは、何ら矛盾するものではない。明快な原則が存在しようと、特例を設けるべき場合もある、観念的な空論にでも陥らないかぎり、これは誰でもわかるだろう。

しかし非常事態においても、変更を加えるのは「現にうまく機能していない箇所」「従来の原則からの逸脱を必要とする箇所」に限られるべきだ。当の変更によって、国のあり方全体が崩れるようでは話にならぬ。重要なのは、これまでの社会機構をなるべく温存しつつ、新しい安定的なシステムをつくり上げることである。

おのれのあり方を変更する手段を持たないようでは、国家はみずからを維持しつづけることができず、したがって保守の手段を持たない。これでは国体のもっとも肝心な部分が損なわれることも起こりうる。「保守」の原則をつらぬくためにも、「適切な範囲の変更」の原則が必要なのだ。

この良い例が、王政復古（訳注＝ピューリタン革命によって生じた王位の空白が、一六六〇年、チャールズ二世の即位によって終結したことを指す）や名誉革命の時期に、人々の取った対応と言える。どちらの時期も、イギリスは国家のまとめ役を失ったわけだが、「いっそ王政をやめてしまえ」とはならなかった。

むしろ人々は、伝統的なシステムの中でまだ機能している部分を活用する形で、欠陥の生じた部分を修復した。変えなくてよい要素はそのままにしたうえで、それとうまく噛み合うよう新しい要素を調整したのだ。変更を実践する際にも、彼らは従来の社会機構の枠組みに従って行動しており、「アメーバさながらに群れているだけの烏合《うごう》の衆」のような振る舞いはしなかった。

その意味で議会は、名誉革命の際にこそ、わが国の伝統的なあり方を尊重する姿勢をもっとも強く打ち出したと見なすことさえできよう。王位継承をめぐる原則を少々変えてでも、王政を保守しようとしたからである。

ところが名誉革命協会の連中は、変更がなされた点にしか注目せず、これで原則そのものが一新されたと考えたがる。こんな主張が通用するなら、国のあり方など尊重する必要はないことになるが、それもいっこう気にしていないようだ。

革命精神は「インチキ商品」だ

国民の選んだ王だけが正当性を持つなどというデタラメが、王政の原則として確立されたら最後、過去の国王がやったことはすべて否定されてしまう。名誉革命協会は、同革命以前のイギリス王はそろって正当性がなく、わが国の歴史は王位略奪の連続だったと言うつもりか？

ならばそれらの王の統治のもとで制定された偉大な法律の数々も、不当な王政の産物である以上、無効だとか、廃止すべきだとか、見直すべきだと思っているのか？　名誉革命以前に成立した法律にも、その後に定められたいかなる法律に負けず劣らず、われわれの自由を保障しているものがあるのだ。

法律を制定する資格を持つのは、国民に選ばれた王だけだとすれば、租税制限法はどうなる？　権利請願は？　あるいは人身保護法は？（訳注＝上記三つはそれぞれ一二九七年、一六二八年、一六七九年に定められ、個人の自由と権利を確立するうえで大きな意味を持った）。歴史が教えるのは、世襲によって継承される王位あってこそ、われわれの自由も末代まで継承される権利として保障されるということである。

数年前であれば、かくも当たり前の話について長々と議論すること自体、無意味でみっともないものにすぎなかった。だがいまや、国家の転覆《てんぷく》を煽《あお》りかねないこんな主張が公然と説かれ、支持され、出版されるに至っている。

私は革命というものが好きではない。しかるに革命が生じる兆《きざ》しは、しばしば演壇の上から発せられてきた。変革を待望する発想は世間に広まりつつある。フランス人諸君は、伝統的な社会機構など、自分たちの都合や気分次第で全否定しても構わないと思っているようだが、イギリスでもいずれ同じ風潮が台頭するかもしれない。

だとすれば、わが国の法制度がどのような原則のうえに成り立っているか再確認しておく必要があろう。フランスの友よ、君もこれについて学んだほうがよい。イギリス人は長年の原則を捨て去るつもりなどないのだ。

サギ師同然の連中は、革命精神なるものをフランスへとこっそり輸出したあと、もう一度イギリスに密輸入しなおすつもりのように見受けられる。ドーバー海峡のどちら側でも、われわれはかかるインチキ商品に取り合ってはならない。

この革命精神というやつ、イギリス本来の風土とは縁もゆかりもないにもかかわらず、フランスに持ち込まれる際にはわが国の特産品のごとく謳われる。そして「自由と進歩」とやらによって加工されたあげく、今度はパリの最新ブランドとしてイギリスに運び込まれる次第。

イギリス人は、試着もせず流行のファッションに追随するようなことはしないし、試着してみて着心地の悪かったファッションをあらためて引っ張り出すこともない。世襲による王位の合法的継承は、わが国の欠点ではなく美点なのだ。

それは腹立ちのタネならぬ自慢のタネであり、隷従《れいじゅう》のしるしどころか自由を保障するものにほかならない。われわれは自国のあり方を、現状のままでたいへん素晴らしいと考える。そして王位が確実に継承されることは、国家全体が安定して続いてゆくことを象徴的に示すものなのである。

仁義なきデタラメ論争を排す

先に進む前に、王は国民によって選ばれるべしと信じる連中が、王位世襲の原則を批判するために持ち出す屁理屈を指摘しておこう。このデマゴーグどもは、議論の争点を自分たちの都合に合わせてすり替える。つまりは言い負かしやすい形で架空の論敵をデッチ上げ、「王位世襲を支持するやつらはみんなこれと同じ」とやるわけである（訳注＝このような理屈の立て方は「藁《わら》人形論法」と呼ばれる）。

かつて「王権は神聖であり、絶対的なものとして世襲される」と主張されたことがあった。こんなことを言う者はいまやどこにもいないと思うが、国王選挙論者たちは、そのような奴隷根性丸出しの石頭と論争しているかのごときポーズをしばしば取りたがる。

王に唯一絶対の権力があると見なした旧来の石頭は、世襲の王権のみが合法的な統治のあり方だと説いた。これは民衆に唯一絶対の権力があると見なす新種の石頭が、選挙の洗礼を受けない統治はすべて非合法と説くのとよく似ている。

王による支配が、他のあらゆる政治形態に比べて神聖だなどと考えるのは、バカげているだけでなく、神への冒瀆《ぼうとく》でもあろう。また王位を継承する立場にある者は、事情のいかんによらず、世襲による絶対的な支配権を持ち、これを放棄することはできないとするのも、社会的・政治的な権利の何かをわきまえぬタワゴトである。

けれども王位世襲を支持する議論の中にバカげたものがあるからといって、王位世襲を合理的に支持する議論までが否定されることがあってはなるまい。後者の議論は、法と政治の諸原則をきっちり踏まえているのだ。

法律家や宗教家の中には、つまらぬ主張をする者も少なくないが、それを理由に法律や宗教全体を否定したら最後、世の中は無法状態で、誰も救われることはない。論争相手の中にタワゴトを口にする者がいるからといって、デタラメを述べたり、いかがわしい原則を広めようとしたりしても許されることにはならないのである。

第二章 過去を全否定してはいけない

ジェームズ王退位の真相

「自分たちの統治者を選ぶ権利」に続いて、名誉革命協会が主張するのは、この革命によってイギリス国民は「失政・悪政をしでかした統治者を追放する権利」を得たということである。

失政・悪政などという、どうとでも取れる曖昧《あいまい》な概念が、政府を倒す正当な根拠になるのなら、いかなる政府も存続しえない。名誉革命を実際に指導した者たちは、そんな軽薄な原則に基づいて、国王ジェームズを実質的な退位へと追い込んだわけではなかった。

ジェームズは、プロテスタント教会、およびイギリス国家自体を、その基盤をなす諸法律や権利ともども転覆させようと画策した責任を問われたのだ（訳注＝ジェームズ二世は即位いらい専制を行い、かつカトリック支持の姿勢を打ち出していた）。このことは彼が公然としでかした数々の不法な行為によって証拠立てられている。

すなわちジェームズは、王と国民の間に存在すべきもっとも根源的な契約を破ったがゆえに、王位を放棄する事態に至ったと位置づけられた。これがたんなる失政・悪政であるはずはない。名誉革命の指導者たちは、重大かつ切実な必要性に駆られて、法の中の法とも呼ぶべき王と国民の契約を守るべく、ジェームズの退位という措置を心ならずも取ったのである。

だからこそ「憲政がまた危機にさらされたら、また革命で対抗すればいい」という話にもならなかった。名誉革命の際に取られた善後策は、どんな人物が国王になろうと、かかる強硬手段に訴えなければならない事態が生じないようにすることを狙っている。

権利章典によって統治の原則を確立すること。議会が行政のあり方をつねにチェックできるようにしておくこと。下院に弾劾《だんがい》の権限を持たせること――こういった手段のほうが、憲法で保障された自由を守り、行政を規律正しいものとするうえで、革命よりずっと有効なのだ。統治者を追放する権利なるものは、実際に行使するのが難しいばかりか、どんな顚末になるかもわからず、効果のほどもしばしばきわめて疑わしい。

気軽に革命を語るべからず

プライス博士（訳注＝この肩書きについては六三ページを参照のこと）によれば、国王に祝辞を述べる場合は、彼が国民の上に立つ者というより、むしろ国民に仕える者であることをハッキリさせるべきらしい。しかしこれで、王に敬意を表したことになるだろうか。

名実ともに下僕にすぎない者は、そのことをいちいち指摘されたくないものだし、自分たちの義務や責任について告げられるのを嫌がる。相手を下僕扱いせよというのは、礼儀に反した不愉快な教えではないか。かりに国王が「国民の下僕」を名乗ったとして、国のあり方がどう良くなるのか、私には想像もつかない。

この手の主張は本来、軽率なムダ話として片付けられるべきだろう。液体の中には、蒸発するとき不快な臭気を放つものがあるにしろ、それと同様、自由の精神に酔いすぎた一部の者が、こんな話をせずにはいられなくなったわけだ。けれどもプライスの主張は、「失政・悪政ゆえに王を追放する権利」の概念と密接に結びついており、その点で少々の検討に値する。

王はむろん、ある意味で国民に仕える存在と言える。国家全体の繁栄を達成するほか、王の権力は合理的な目的を持たないのだ。しかしこれは、王がいわゆる下僕のごとき存在であることを（少なくともわが国の憲法では）意味しない。下僕とは他人の命令に従うべき者であり、いくらでも取り替えがきく。

イギリス王は誰の命令も受けない。国民は、個々人として、また全体として彼の下にあり、法的に従うべき立場にある。法律も国王のことを、プライス流に「われわれの下僕」と呼んだりはしていない。「われわれの唯一の君主たる王」と呼ぶ。そして法は、お世辞とも侮辱とも無縁なものなのだ。

名誉革命協会の連中は「王の追放」を気軽に口にするが、追放を実行するにあたっては、ほぼ確実に武力が必要となる。となれば、もはやこれは戦争であり、憲法上の規定がどうこうというだけではすまない。王を退位させるべきかどうか、お望みなら「追放すべきかどうか」としてもいいものの、これは歴史を通じて、国家が直面しうるもっとも深刻な問題の一つにほかならず、法律で対応できる範囲を超えている。

ここで問われるのは（国家の重大事ではつねにそうだが）当事者の人格、目的を実現する手段の有無、そして結果をめぐる冷静な予測といった点であり、追放が「国民の明らかな権利」かどうかではない。めったに起こってはならないことを、めったな気持ちで説くべきではないのだ。

悪しき統治にたいしては、この一線を越えたら服従をやめて反乱すべきだという境界が存在する。ただし当の境界線は微妙かつ曖昧なもので、簡単に定めることはできない。「統治者がこんな振る舞いをしたら革命」とか「こんな事態が生じたら革命」などとは決められないのである。

国がひどいありさまで、このままでは将来にも何ら希望が持てないというのでないかぎり、革命など考慮するのは間違いだ。物事がそこまで悪くなれば、病んだ国家を救うために危険な非常手段に訴えるべきか、真に国を愛する者にはおのずから見えてくるだろう。すべては具体的な状況に即して判断されねばならない。

賢明な者は、事態の深刻さを検討して決断を下すだろう。短気な者は、圧政への反発に駆られて。気高い者は、王たる資格のない者が権力を濫用することへの怒りから。勇敢な者は、大義のために名誉ある戦いをすることを望んで。

何にせよ、思慮深く善良な者にとって、革命はほんとうに最後の手段なのだ。

自由や権利は古来のもの

名誉革命協会が説く第三の権利、すなわち「自分たちのために政府をつくる権利」だが、これも実際に名誉革命において行われたこととは縁もゆかりもない代《しろ》物《もの》にすぎない。

かの革命は、われわれが伝統的に享受してきた権利と自由、およびそれらの基盤たる憲法を守るためになされた。イギリス憲法の精神や、名誉革命当時に取られた諸政策の真の内容を知りたいのなら、ぜひともわが国の歴史や記録、あるいは議会で制定された法律や上下両院の議事録といったものを参照してほしい。プライス流の説教だの、名誉革命協会の宴会におけるスピーチだのを、ゆめゆめ真《ま》に受けてもらっては困る。

新政府の樹立という発想は、われわれに嫌悪と恐怖を引き起こす。名誉革命の際も、また現在も、イギリス人は自分たちの権利や自由を「先祖より受け継いだもの」と見なしてきた。代々にわたって継承されてきたこの大樹に、異質な何かを接《つ》ぎ木しないよう、われわれは気をつけてきたのだ。

わが国における政治的改革は、つねに「古来の精神に立ち返る」という原則に従って行われてきた。将来行われるであろういかなる改革も、過去の事例を重んじ、手本とすることを願う。いや、そうなることを確信していると言っておこう。

名誉革命に際して制定された権利章典でも、議会両院は「自分たちのために政府をつくる権利」がどうこうとは一言も述べていない。議会の関心事は、長年にわたって尊重されてきたにもかかわらず、存続の危機にさらされたイギリスの宗教、法律、そして自由をいかにして守るかという点にあった。

「われらの宗教、法律、そして自由が失われてしまう危険をなくすための制度をつくる、その最善の手段は何かを真剣に考慮した」結果、議会はまず「われらの祖先が同じような事態において、古くからの権利や自由を保障するためにしてきたこと、すなわち宣言を発すること」が最善だと述べる。そして新たな王と王妃にたいし、「ここに定められる権利や自由はすべて、この王国の国民が古《いにしえ》より享受してきたものであり、決して否定されえないものである――こう宣言し、かつ保障していただきたい」と求めたのである。

自由や権利を「祖先から直系の子孫へと引き継がれる相続財産」として扱うことこそ、イギリス憲法の一貫した方針と言える。それはイギリス人であることに由来する財産にほかならず、より一般的な人権や自然権とは関係していない。

おかげでわが憲法は、きわめて多様な内容を持ちつつ、一つのまとまりを保てるのだ（訳注＝イギリスには成文憲法典、つまり文書の形式で示された憲法がなく、「憲法習律」と呼ばれる慣習法によって憲法の主要部分が成り立っている）。王位も世襲なら、貴族の地位も世襲、下院や一般民衆が持つ特権や市民権や自由も、代々受け継がれたもの。

これは人間のあり方をめぐる深い思索のうえに定められた方針に思える。いや、大自然のあり方にならったものとしたほうが、より的確であろう。自然とは理屈抜きで正しいと感じられるものであり、理性を超えた英知を宿しているのだ。

国家には保守と継承の精神が必要

「革新」に憧れる精神とは、たいがい身勝手で近視眼的なものである。おのれの祖先を振り返ろうとしない者が、子孫のことまで考えに入れるはずがない。

イギリス人は、自由や権利を相続財産のように見なせば、「前の世代から受け継いだ自由や権利を大事にしなければならない」という保守の発想と、「われわれの自由や権利を、次の世代にちゃんと受け継がせなければならない」という継承の発想が生まれることをわきまえていた。そしてこれらは、「自由や権利を、いっそう望ましい形にしたうえで受け継がせたい」という、進歩向上の発想とも完全に共存しうる。

この方法論は、新たな自由や権利を獲得する余地を十分に残す一方で、いったん獲得されたものが安定的に存続することも保障する。社会の秩序であれ国民の権利であれ、世代を超えて続いてゆくものとして扱うのが、大自然のあり方にならったわが憲法の方針なのだ。それはちょうど、われわれの個人的な財産、あるいは生命そのものが、世代を超えて受け継がれてゆくのと同じである。

かくして国家は、自然界の秩序と正しく対応しながら存在することになる。ここには「個々の構成要素が有限であるがゆえに、全体としては永遠」という構造が見られよう。深遠なる自然の英知により、人類にはいくつもの世代が同時に存在し、神秘的なまでに精妙なバランスをつくり上げている。

いかなる時点においても、人類のすべてが老いているとか、壮年だとか、あるいは若いとかいうことはない。衰退と死、再生と成長がたえず繰り返される結果、人類は変わることなく安定した状態を保つのだ。

上記の特徴を国家にあてはめれば、「改革がなされても社会全体が新しいわけではなく、伝統が保守されても社会全体が古いわけではない」状態が達成される。くだんの原則を踏まえ、柔軟性を持ちつつ祖先につながるのは、時代遅れの迷信に執着することにあらず、「自然になぞらえて国家をつくる」という哲学を重んじることに等しい。

同時にそれは、「相続」の概念を基盤にする点で、国家を家族になぞらえることにもつながる。わが国の憲法は、血縁の絆《きずな》に基づいたものという性格を帯び、さまざまな基本法も、家族の情愛と切り離しえなくなる。国家、家庭、伝統、宗教、それらが緊密にかかわり合いながら、ぬくもりに満ちたものとなるのである。

自由を相続財産と見なすことは、ほかにも少なからぬメリットを伴う。過《あやま》ちを犯しやすく、行きすぎに陥りやすいのが自由の特徴だが、偉大なる先祖の面々が自分の振る舞いをつねに見ていると思えば、これにも責任感や慎重さという歯止めがかかろう。

過去の世代から自由を受け継いだとする姿勢は、われわれの行動におのずから節度と尊厳をもたらす。地位であれ権利であれ、自分一代で獲得した者は、ほとんどが成り上がりの傲慢《ごうまん》さに取り憑《つ》かれて恥をさらすが、そんなみっともない真似をせずにすむわけだ。わが国の自由は、こうして高貴なものとなる。

年長者や、名門の生まれの者を尊敬するのは、人間として自然な感情に違いない。われわれは国家の諸制度に敬意を払う際にも、同じ原則をあてはめる。長い歴史を持つ制度や、偉大な先祖がつくり上げた制度は重んじられるべし、である。

自由や権利は、観念的な推論ではなく自然な本能を基盤とすべきではないか。小賢《こざか》しい知恵よりも、胸に染み入る感情を踏まえるのがふさわしい。フランスのインチキなインテリどもがいかに頭をひねろうと、合理的で立派な自由を保持するうえで、これ以上に適切なシステムを考えつくはずはない。

フランスに優れた点はないのか？

諸君はわがイギリスを手本とすべきだった。そうすれば、今回の革命で回復された自由にも尊厳が宿ったであろう。

フランスの伝統的な三部会（訳注＝聖職者、貴族、平民によって構成された身分制議会。一七八九年に召集され、革命と前後して国民議会に改編される）は、社会の多様性にうまく対応するものだった。しかもフランスは、この多様性のもとで長年、幸福に統治されてきたのである。

三部会ではさまざまな利害が結びついたり、ぶつかり合ったりしていた。このような作用と反作用のせめぎ合いこそ、自然界においても、また政治の世界においても、相容れない諸勢力がひしめき合う状況の中から、調和を導き出す鍵となる。

いまのフランスでは、社会的な利害対立は望ましくないと見なされているようだ(訳注＝国民は社会のあり方を望ましくするための共同の意志を持っているという、プロローグで紹介したシエイエスの主張を想起されたい)。ならば従来のフランスのあり方にも、現在のわが国のあり方にも重大な問題があるわけだが、利害対立の存在こそ、性急な決断を下したいという誘惑にたいして、健全な歯止めを提供する。

利害対立のもとでは、どんな決定も熟慮に基づいてなされねばならない。したがって物事を変える際にも、妥協がつきまとうことになり、変化は穏《おだ》やかなものにとどまる。こうやって生じるバランスこそ、「急激で荒っぽい抜本的改革」という悪行《あくぎょう》を防ぐのだ。

当のバランスのもとでは、王であれ民衆であれ、絶対的な権力を向こう見ずにふるうことができなくなる。さまざまな身分の代表が、独自の利害をもって集まることこそ、自由を保障するのである。身分ごとの見解が異なっていればいるほど、その保障は大きい。

三部会はこれだけの長所を持っていた。にもかかわらず諸君は、あたかもフランスがずっと未開の野蛮国であったかのように、すべてを新しく仕切り直した。自国のあり方を全面的に否定して改革に走る、これは出発点からして間違っている。元手もないのに商売を始めるようなものではないか。

近年のフランスがパッとしない面々によって治められてきたというのなら、彼らを飛び越し、より古い時代の英雄たちに手本を求めても良かったのだ。祖先を敬《うやま》うことは、正しい自尊心を持つことに等しい。そうすれば「解放の年たる一七八九年まで、フランス人は時代の流れに取り残された、卑しい奴隷の集まりだった」などと見なすこともなかっただろう。

今回の革命に際しては、それがフランス人の古来の権利を取り戻すためのものであり（訳注＝革命前のフランスでは、百七十年以上にわたって三部会が開かれていなかった）、国家への忠誠や、名誉を重んじる精神を否定するものではない点をハッキリさせるべきであった。そうすれば、あらゆる国の有識者が、自由を求めた諸君の行動に敬意を表したに違いない。

十分な規律を持ち合わせるとき、自由は法と矛盾するどころか、法を支えるものとなる。このことを証明できれば、専制支配にこだわる連中は世界中で恥じ入ったことだろう。フランスの民衆は安全な状態のもとで満足し、勤勉に秩序正しく活動できただろう。社会のどんな階層においても、善を重んじれば幸福が見つかることも理解されたと思われる。

人間の真の平等とは、こういった道義性の中に存在する。身分や階層そのものをなくせるなどというのは、途方もない大ウソにすぎない。こんなウソは、社会の下層で生きねばならない者たちに、間違った考えやむなしい期待を抱かせたあげく、社会的な格差への不満をつのらせるだけである。そしてあらゆる格差や不平等をなくすことは、どんな社会にも不可能なのだ。

この革命は愚挙である

自国の過去を全否定する誇大妄想や独善から、どれほどのメリットが得られたか、具体的に考えてもらいたい。革命の指導者たちは、自国の祖先を軽蔑し、同時代人も軽蔑した。彼らは自分たち自身のことも軽蔑するに至り、ついには文字通り軽蔑に値する存在になりさがった。

フランスはどうにもならない災難に陥っている。しかもその代償たるや、他国が最良の繁栄を獲得するために払った代償よりずっと高い！　フランスは貧しくなるため、わざわざ犯罪行為に手を染めたのだ！

これは「国益のために美徳を捨てた」という話ではない。フランスは自国の美徳を卑しめるために、国益を放棄したのである。他の国の人々は、政治的自由を確立するにあたって、より厳粛な態度を取り、禁欲的でしっかりしたモラルを重んじた。

片やフランスは、王権の手綱《たづな》をいったん緩《ゆる》めるや、何でもやりたい放題やるのが自由だという風潮の台頭を許し、宗教を否定する言動まで放置した。結果として、かつてなら富と権力を握っていた層にのみ見られた不正や腐敗が、社会全体に広まってしまったものの、それすら「特権のおすそ分け」のごとく美化されている。みんなで悪くなってゆくのが、新生フランスの基本原則たる平等の表れというわけだ。

以後に起きたことは当然の帰結である。革命派は、みずからの成功によって罰せられる顚末となった。法はくつがえされ、裁判所はなくなり（訳注＝フランス革命にあたって従来の高等法院が廃止されたことを指す）、産業は活力を失って、商業は衰退の一途。

税金は納められず、だが人々は貧しくなるばかり。教会は略奪され、国政の危機はいっこうに解決されない。市民社会でも軍隊でも無秩序がはびこり、国家の負債をなくすために貴族も聖職者も犠牲にされる。行き着く先は、フランス自体の破産以外にない。

これらのおぞましい出来事は避けがたいものだったか？　この革命は、真に国を愛する者たちが繰り広げている決死の闘争であり、さしあたっては流血と騒乱が生じるとしても、最終的には自由の原則のもと、平穏や繁栄が達成されるというのか？

否！　断じて否である。フランスの目を覆うばかりの惨状は、内戦の結果などではない。平和な時代においても、軽率で無知な政策を取ったら最後、物事がここまでひどくなるという悲しくも貴重な教訓なのだ。

抵抗勢力が存在しないばかりか、そもそも抵抗ができないようになっているとき、権力はいくらでも独善的で傲慢になりうる。革命政府はおのれの犯罪行為によって獲得した富をいたずらに浪費してばかりいるが、これを阻止する動きが生じる余地はほとんどなかった。

フランスの伝統的な国家体制は、革命を先導した者たちによって完全にぶち壊されていたのだ。革命によって権力を握った連中は、祖国を救うどころか、祖国を台なしにするにあたってすら、一滴の血も流してはいない。

彼らが払った犠牲など、せいぜい資金づくりのため、靴についていた銀の留め金を差し出した程度のもの（訳注＝革命派はこのような貴金属の供出を実際に行った）。その間にも彼らは国王を監禁し、同胞たる市民を殺し、何千もの立派な人々や、彼らの家族を涙にくれさせ、貧困と苦難に追いやった。

かかる残酷さは、恐怖に駆られたあげくのものですらない。裏切り、強奪、陵辱《りようじょく》、暗殺、虐殺、放火——すべてが正当化しうるという絶対的な安心感の産物なのだ。だとしても、いったい何がこんな事態を引き起こしたか、それは当初から明白であった。

国民議会に潜む問題

善ならぬ悪を進んで選び取るということの事態は、フランス国民議会の構成を考慮に入れるとき、何ら不可解ではなくなる。

国民の代表が集まって政治のあり方を決めること自体は大いに望ましい。だがいかなる政治機構も、生身の人間によって構成される。そして人間の中身は、生まれつきの資質、教育、長年の生活習慣で形成されるもの。肩書き、権力、職務といった外面をいかに立派にしたところで、中身までが立派になることはない。持ち合わせていない能力を発揮しろというのは無理な話だ。たぶん国民議会は、善と英知に基づいた政治をしようと思っているのだろう。けれども彼らの決める政策は、善であれ英知であれ、フランスに全然もたらしていない。

第三身分（訳注＝平民を指す）代表として選出された議員たちの名前と経歴を見た私は、彼らがどんなメチャクチャをやろうと当たり前だと思った。なるほど、中には高い地位の持ち主もいる。輝かしい才能の持ち主もいる。ただし国政に直接たずさわった経験のある者は皆無である。彼らは政治を観念的に理解しているにすぎない。

しかも国民議会の性格や方向性を左右するのは、これら少数の優秀な人物ではなく、残りの多数派である。どんな組織においても、リーダーは往々にして、自分が率いる人々によって逆に率いられる。指図を受ける側の価値観、能力、あるいは気質といったものが、指図の内容そのものに制約を加えるのだ。

議会の多数派が、私利私欲に駆られた連中や無能な連中によって占められているならば、優秀な少数派にしたところで、バカげた計画の先棒を器用にかつぐ役目を負わされるのがオチではないか！　彼ら少数派が、まれに見る美徳の持ち主であれば話は別だが、そこまでのことを真剣に期待してはいけない。

というより優秀な連中も、美徳どころか、悪《あ》しき野心や俗っぽい出世欲に駆られている可能性が高いのだ。この場合、彼らは無能な多数派を尊重するかに見せて、自分たちの目的のために多数派を利用しようとするだろう。集団全体の愚かさと、リーダーたちの腹黒さが、迎合と服従の悪循環をつくるわけである。

いかなる議会においても、リーダーを引き受ける者は、自分に従う人々にたいして敬意を抱かねばならない。いや、恐れの感情を抱くべきだとさえ評しえよう。でなければ、彼らは軽率な提案を平気でするようになる。

従う側も、必要ならリーダーの役を務めるだけの能力か、せめてリーダーの言動のよしあしを見きわめる見識と権威を持たねばならない。でなければ、思考停止の状態で追従するのがオチとなってしまう。

議会が着実かつ健全に機能するためには、議員の多くが、良い生まれの者によって占められる必要がある。十分な財産を持ち、高い教育を受け、おのれの視野を広めたり、考え方を柔軟にしようと努めたりすることに慣れた者ということだ。

革命の直前、フランスでは三部会が召集されたものの、ここで驚かされたのは伝統的なルールが大きく破られたことだった。平民代表の議員数が六〇〇名に増えたのである（訳注＝三部会は聖職者、貴族、平民の代表で構成されるが、議員数は各身分とも三〇〇名と決められていた。平民代表の増員は、王政への不満が高まったことにたいしてルイ十六世が取った措置）。

平民代表の議員数は、他の二身分を代表する議員数の合計と同じになった。三つの身分が別々に議決し、どの身分による議決も等しい重みを持つのなら、これも人件費が少々かさむくらいの話ですんだだろう。

しかし身分ごとに分かれた議会構成が廃止され、あらゆる身分の議員が一堂に会することになったとき、平民代表六〇〇名という数字の持つ意図と効力が浮かび上がった。聖職者と貴族が完全に団結しないかぎり、権力は平民の手に渡るのだ。

事実、三部会を改編して生まれた国民議会は、やがて国家の全権を掌握した。ゆえに議会の多数派が平民によって占められていることの重要性も、きわめて大きなものとなったのである。

第三章

人間はどこまで平等か

平民代表の正体見たり

フランス国民議会のかなりの部分（出席した議員の大半だったと思う）が、法律家によって占められていると知ったときには腰を抜かした。法律家といっても、高名な治安判事ならば良い。彼らはみずからの知識や見識、そして誠実さをもって国に尽くすと誓った者たちだ。

法曹界の誉《ほま》れと称えられた者たちや、一流の法学者も、議員となる資格を十分に有する。だがここでいう法律家のほとんどは、かくも数が多ければ当然のことながら、二流三流で教養もなく、仕事を機械的にこなすだけが取り柄《とえ》の面々であった。議員名簿を見たとたん、フランスはとんでもない状態になるとわかったし、事態はほぼ私の予想通りに推移した。

国家の最高権力を、こんな連中が多数を占める組織に託すのは、おのれに誇りを持たない者たちに権力を与えるのに等しい。守るべき名誉もなく、さまざまな利害を調整する手腕もなく、思慮深く振る舞うことも期待できない者たち。彼ら自身、国の舵取りを任されるとは夢にも思っていなかったに違いない。

下積みの身分から、魔法にかけられたかのごとくいきなり頂点に立ったとき、幸運に酔わない者がいるだろうか？　国家の利害など、彼らには理解できない。ひきかえ自己の利害なら、わかりすぎるほどわかっている。国益をかえりみず、私利私欲を追い求めるのは自明ではないか？

彼らがつくる憲法など、自分たちが儲けるための訴状同然のものとなるに決まっている。率先して憲法をつくる能力がなかったところで、そういう策謀の尻馬に乗らないはずがない。国家が革命によって大混乱に陥り、富裕層の財産を没収しても構わないとき、暴利をむさぼる機会は至るところにあるはずなのだ。

他の議員たちに広い視野や度量があれば、彼らも襟を正すかもしれない。だとしても、手本はどこにある？　ピエロのごとき田舎者が、いくばくかの議席を占めたものの、彼らにそこまでの権威と風格が備わっているか？　聞くところによると、ピエロ諸氏の中には読み書きできない者すら混じっているらしい。

商人はどうか？　世の中のことも多少は知っていようし、世間からそれなりに評価されてもいよう。しかし彼らも、損益計算以外に関心はないとくる。

法律家に続いて目立つのは医師のグループだ。これまたフランスでは、伝統的にあまり尊敬されてきた職業ではなく、ゆえに威厳あふれる面々とは言いかねる。百歩譲って、わがイギリスのごとく、フランスでも医師が社会的に尊敬されてきたとしたところで、病人の世話をしても政治や立法の手腕が鍛えられるわけではない。

あとは金融業者。事と次第によっては紙切れとなりかねない自分たちの資産を、より確実な不動産に変えてゆくことこそ、彼らが抱く唯一最大の関心事であろう。

残りの連中も、国益の何たるかをわきまえ、社会システムを安定させるべく努力するとは期待しがたい。パシリを続けてきた者が、突如としてリーダーになれるはずがないのだ。おおよそこれが、国民議会における平民代表の中身であった。

革命勃発いらい、国民議会を規制しうるものは消え失せた。基本法もなければ、議事運営に関する取り決めや慣習もない。彼らは憲法に基づいて行動するのではなく、自分たちの都合に合わせて憲法をつくる力を持つに至った。

かくも無制限の権力が、よこしまな野心とひそかに結びつくとき、国政にたずさわる能力のない連中が議会を牛耳ることの弊害は、恐ろしく甚大となるであろう。政治家としてのモラルがどうこうというレベルの話ではない、自分の席にちゃんと座っていられるかどうかも疑わしいくらいである。

聖職者・貴族代表にも問題あり

聖職者代表の顔ぶれはどうか。安定した資産のある者や、議員となるにふさわしい能力の持ち主が尊重された形跡は、やはり見受けられない。

田舎司祭にすぎない連中をして、国家の抜本的改革という大仕事にあたらせる、これが今回の選挙の顚末であった。政治の現実など、彼らには絵空事《えそらごと》の部類に属する。田舎の寒村を一歩出たら、右も左もわからぬ手合いではないか。おまけに赤貧のため、世俗のものであれ教会のものであれ、財産と見ればうらやましくなるに違いない。

こんな司祭たちが、平民代表の野心や策謀に歯止めをかけられる道理はなく、むしろ率先して片棒をかつぐに決まっている。そうでなくとも、黙って従うのがオチだろう。田舎にいたころから、二流三流の法律家や商人の言うことを聞いてきたのだ。

つまり平民代表の野心家どもが握った権力は、聖職者代表によってさらに強められる。かくして国民議会は、無知と軽率、傲慢と強欲の支配するところとなり、これにあらがうことは不可能となった。

洞察力のある者には最初からわかっていたと思うが、平民代表の多数派と、それに同調した聖職者代表は、貴族の打倒をめざすつもりでいながら、じつは一部の貴族によって踊らされているのだ。彼ら黒幕貴族は、仲間の貴族の財産を没収することで、手下となった平民や聖職者への見返りを容易に捻出《ねんしゅつ》できる。

高貴な生まれの者が、荒々しい不満に取り憑かれると、自尊心が高まって傲慢になり、しばしば貴族全体を軽蔑し始める。歪《ゆが》んだ感情によって心が混乱するせいで理性が狂い、矛盾だらけの誇大妄想に取り憑かれてしまう。

第三者にしてみれば、この妄想は理解不能だし、彼ら自身、自分が何を考えているのか把握できなくなる。世の秩序は何であれ、おのれのとめどない野心にたいする障害にしか見えない。頭の中にはモヤモヤと霧が立ち込め、「物事は本来、すべて思い通りになるはずだから、そうならないのはみんなが結託して邪魔しているせいだ」などという錯覚に陥る。

不可解な野心のために貴族が威厳をかなぐり捨て、身分の低い者たちと愚劣な目標を追求するようでは、国全体が卑しく下品なものとならざるをえない。フランスでいま起きているのは、このような事態ではないのか？

今回の革命は、粗野で不名誉な結果を生み出していないか？　革命政府の政策に、慈愛の精神がまるで欠けているのはなぜだ？　王や貴族を貶めるだけでなく、国家の威厳や重要性まで否定する傾向が見られないか？

昔は革命家さえ偉大だった

かつての革命は違っていた。それらの首謀者は、国家の平安を乱し、従来の秩序をくつがえそうとはしたものの、国の威厳を高めることをめざした。くだんの大義こそ、彼らの野心を正当化する根拠だったのだ。

こういった革命家には長期的なビジョンがあった。みずから祖国を統治しようと企《くわだ》てこそすれ、祖国を台なしにする意図などはなかった。また彼らは、政治と軍事に関する偉大な才覚を持っていた。人々から恐れられたかもしれないにしろ、それぞれの時代を代表する人物であったことも疑う余地はない。

クロムウェル（訳注＝十七世紀イギリスで起きたピューリタン革命の主導者）は、こんな昔ながらの大悪党だが、彼の縁者であり、詩人として名声を博した人物から詩を捧げられている。ここにはクロムウェルが掲げた理想と、革命の成就によって（かなりの程度まで）達成された業績が示されていよう。

あなたが栄光の座に登りつめるほど、祖国もまた輝きを増す。
あなたが国をつくりかえるかぎり、どんな病《やまい》も生じはしない。
それはあたかも日の出にあたり、卑しい夜の光がかき消され、世界すべての光景が音もなく一変するときのごとし。

国の秩序を乱したのは事実ながら、クロムウェルのような人物は「権力を不当に奪った」というより「生まれながらのリーダーとして社会に尽くそうとした」というのが正しい。彼らの勝利は、ライバルをしのぐ実力を持っていたがためのものだった。彼らの引き起こした動乱は、破壊の天使のように国土をおおったかもしれない。だが同時に、彼らは祖国に活力とエネルギーをもたらしてもいたのだ。断わっておけば、これらの人物が美徳を持っていたからといって、彼らの悪事が帳消しになるわけではない。しかし当の美徳のおかげで、革命の悪影響がかなり緩和されたのも事実である。

殺戮《さつりく》が続く中でも、国の魂が失われることはなかった。威厳へのこだわり、高貴なプライド、栄光を尊ぶ感覚、これらは滅び去るどころか、逆にいっそう燃え上がった。さまざまな国家機構も、ガタガタになったとはいえ存続していたし、名誉と美徳の持ち主は恩賞や地位によって報いられた。

ひきかえ、いまのフランスにおける混乱は、社会の持つ根源的な生命力を直撃し、麻痺《まひ》状態に追いやっている。尊敬されてしかるべき立場にいた者は、ことごとく不名誉にも卑しめられ、恥辱と怒りのほかは何も感じられなくなっているありさま。

フランス貴族の次の世代は、陰謀家やピエロ、相場師、高利貸し、それにユダヤ人といった連中を友とするハメに陥る。いや、師として仰がねばならないことすらあろう。ならばこの手の連中に似てしまうのは理の当然ではないか。

聞きたまえ。優れた者の地位を引き下げることで平等が達成されることはないのだ。どんな社会であろうと、多種多様な人間によって構成されているかぎり、支配層が現れるのは避けられない。

「引き下げ平等主義」にこだわる者は、物事の自然な秩序を狂わせる。建物の場合と同様、土台として下に置かれねばならないものを頂上に据えるなら、構造は不安定になってしまうのである。

社会を狂わす平等主義

フランスの大法官は三部会の開会にあたって、あらゆる職業は名誉なもの、と麗々しく宣言した。もしこれが「まっとうなものであるかぎり、どんな職業も恥ずかしくはない」という意味なら、彼の発言はもっともであろう。

しかし、あらゆるものに名誉を与えるとなっては、もう少し突っ込んだ意味合いが生じる。調髪師や獣脂ロウソク職人といった仕事は、誰がやろうと名誉なものではない（訳注＝獣脂でつくられるロウソクは、煙が出るうえ、においも良くないので安物とされた）。もっと隷属的な仕事については言わずもがな。

そういった仕事に就いているからといって、国家から迫害を受けるいわれはない。だがこんな連中に（個人としてであれ、集団としてであれ）政治を任せたら最後、国家はたいへんなことになる。平等主義に徹することで、フランス人は世間の偏見をくつがえしているつもりかもしれないが、じつは非常識に振る舞っているだけと言わねばなるまい。

むろん何にでも例外はある。けれども健全な一般論は、例外の存在を前提として成り立っているのだ。「卑しいとされる仕事に就く者に立派な人間は一人もいないのか」とか、「そういった人間を絶対に抜擢《ばってき》してはいけないのか」などと主張するのは、反論のために反論しているか、愚鈍《ぐどん》さを装っているかのどちらかであろう。

権力や権威、それに名声は、高貴な生まれの者にのみ与えられるべきだと言うのではない。そんなつもりは毛頭ない。美徳と英知をすでに発揮しているか、発揮するだろうと期待される者なら、誰であれ政治にかかわる資格を持つ。

当の資格さえあれば、身分、境遇、職業のいかんを問わず、地位と名誉が保証されてしかるべきだ。民間人であれ、軍人、あるいは聖職者であれ、国家に奉仕し、その誉れとなる才覚や美徳を持っている者を理不尽に冷遇するようでは、国の将来も知れたものである。

反対に、まともな教育を受けていない者、粗暴で視野の狭い考え方の持ち主、あるいは金儲けにのみ血道をあげてきた者を、国家の指導層として歓迎するようでも、国の将来は知れたものであろう。出世のチャンスは広く与えられるべきだが、万人が見境なく出世できるというのはおかしい。

低い生まれの者が、栄誉と権力の座に登りつめるのは、あまり容易であるべきではないし、起きて当たり前のことでもない。稀有《けう》な才覚は、何らかの試練をくぐり抜けることで、みずからが稀有であると立証すべきなのだ。名誉の殿堂には高貴な者のみが入れる。そして高貴と呼ぶに値する美徳は、多大な困難や苦闘の果てに身につくものなのである。

革命派は国をバラバラにした

二四〇〇万人の意志は、二〇万人の意志よりも優先されるべきだという議論がある（訳注＝二四〇〇万人は、このころのフランスで平民が占めた人口の概算。また二〇万人は、同じく聖職者と貴族の人口の概算）。冷静に考えれば、これもバカげた話だ。多数の人々の意志や利害は、しばしば大きく相反する。人々が悪しき選択をなす際には、その度合いもいっそう極端なものとなろう。

田舎弁護士と無名の司祭が五〇〇人ほど集まって政府をつくったところで、二四〇〇万人にとって望ましいはずがない。たとえ彼らが四八〇〇万人の中から選ばれても同じこと。裏切りによって権力を手にした一握りの貴族が、この五〇〇人を操っているという事実にしても、物事を何らマシにするものではない。

革命による共和制の施行で、フランスは八三の独立した自治体に区分された。それぞれの自治体も、さらに細かく区分されている。このすべてが、一つの巨大なまとまりを持ちうるとか、単一の意志に基づいて行動しうるなどと真面目に考える者がいようか？

国民議会による改革が達成されたあかつきには、フランスは崩壊状態に陥る。各自治体が、いつまでもパリ市の言いなりになるはずがない。革命政府がつくり上げた憲法のもとでは、首都が存在しなければならない理由などないのだ。民主主義的な自治体を各地に設けることで、革命派は国をバラバラにした。名ばかりの存在となった国王（訳注＝原著が執筆された時点では、ルイ十六世は処刑されていなかった）に、これらの自治体をまとめ上げるなど、およそ無理な話である。

フランスの実情がこのようなものだとするなら、同国の人々が望ましい選択をしたとは言えない。今回の革命の基本理念、および結果を踏まえるとき、フランスの事例を手本にしてはどうかと他国の人々に勧めることはできない。

しかし世の中には、フランスで生じている事態に大きな意義を見出し、わが意を得たりと喜ぶ者たちもいる。名誉革命協会（訳注＝イギリス国内の急進的政治組織。第一章、第二章参照）は、今回の革命を早々と祝福したものの、わが国でもフランスにならった政治改革が行われるべきだと信じているようだ。

名誉革命協会に言わせれば、イギリスは自由な国ではないらしい。わが国の選挙制度に見られる不平等は「憲法の明白かつ重大な欠陥にほかならず、われわれの権利を形ばかりのものとしている」そうなのだ（訳注＝当時のイギリスでは地主階級にしか選挙権がなかった）。議会に自分たちの代表を送り込むことは、憲法で保障された自由の基盤であるばかりか、政府の正当性そのものの基盤であり、これが達成されなければどんな政府も不当なものにすぎない、とくる。

ならば現在の不当な政府を倒すため、新たに革命を起こすのは必要不可欠なことか、でなくとも至極まっとうなことになろう。ちょっと注意すればわかることだが、名誉革命協会の主張は、下院の選挙制度を改革せよという程度の話ではない。

民衆の中から代表者が選出されるか、あるいは民衆の承認を受けるかしないかぎり、政府は正当性を持たないとすれば、貴族を代表する上院は文句なしに否定されるべきものとなる。国王もまた同様の運命をたどるであろう。

「人権」は爆弾テロに等しい

名誉革命協会のような連中は、何かを破壊しないことには気がすまない。そうしないことには、自分たちの存在が無意味に思えて仕方ないのだ。こんな考えに取り憑かれた者に向かって、先祖伝来の慣習とか、祖国の基本法とか、憲法の枠組みとかいった事柄を列挙し、これらは長年存続してきたばかりでなく、イギリスの国家と国民をたえず豊かにしてきたのだから、その価値は立証ずみなのだと説いてもムダである。

連中の手にかかると、経験に頼るのは学がない証拠になってしまう。しかも彼らは、古来の伝統や、過去の議会による決議、憲章、法律のことごとくを、一気に吹き飛ばす爆弾まで持っている。

この爆弾は「人権」と呼ばれる。長年の慣習に基づく権利や取り決めなど、人権の前にはすべて無効となる。人権は加減を知らず、妥協を受けつけない。人権の名のもとになされる要求を少しでも拒んだら、インチキで不正だということにされてしまうのだ。

人権が出てきた日には、どれだけ長く続いてきた政府であれ、いかに公正で寛大な統治を行ってきた政府であれ、安心してはいられない。人権を旗印にする者は、つねに政府に抵抗する。それも圧政に文句をつけるのではない。統治能力の有無、さらには政府を名乗る資格の有無を問題にしてくるのである。

私は「人間の権利」という概念を否定したいのではない。人々が自分たちの真の権利を行使するにあたって、邪魔立てする気も(そんな力が私にあるとしてだが)毛頭ない。人権主義者の振る舞いは、われわれの真の権利を完全に破壊するものにほかならず、彼らのデタラメを批判することと、権利を守ることは矛盾しないのだ。

文明社会は人間に利益をもたらすためにつくられる。社会が成立していることによって得られる利益は、すなわち人間の権利となる。善の達成こそ社会の意義であり、そのためのルールを法と呼ぶ。

人間はこのルールに従って生きる権利を持つ。また公正に扱われる権利を持つ。親の財産を受け継ぐ権利があり、子供を養育し向上させる権利がある。生きている間は自己を高めるべく学ぶ権利があり、死にあたっては慰めを得る権利がある。

そして人間は、社会が全体としてもたらす恩恵の中から、正当な分け前を受け取る権利を持つ。「社会の一員として恩恵をもたらすのに貢献し、当の恩恵の分け前をもらう」点では、誰もが平等と言える。

ただしこれは、誰であれ同じだけの分け前をもらえることを意味しない。株でいえば、五シリングの小銭しか出資しなかった者も、五〇〇ポンドの大金を出資した者も、配当を得る権利がある点では同じである。だとしても、同額の配当をもらう権利があることにはなるまい。

いわんや国政に関して、各人がどれだけの権限、権威、あるいは発言力を持つべきかとなると、これは「人間の基本的権利」にかかわる事柄ではなく、「文明化された社会人」にかかわる事柄である。ならば、たんなる人間と「文明化された社会人」の相違は何か？　それは社会的慣習を受け入れたかどうかなのだ。

自由も慣習の枠内にある

文明社会は慣習を踏まえて成り立つとすれば、慣習こそがもっとも基本的な法となる。立法、司法、行政のあらゆる権力はここから生まれる。いかなる権力も、慣習を離れては存在しえない。また社会的慣習に従って生きている者が、くだんの慣習のもとでは想定されてもいない権利や、慣習自体を乱すような権利を主張することもできない。

人間が文明社会をつくるに至った動機の一つに、「正義とは客観的なものでなければならない」というものがある。「自分の行為を自分で正しいと見なすだけでは、その正しさを立証したことにならない」——これは文明社会の基本原則と見なしえよう。

しかし自分が正しいと思うことを自由にやるのは、自然状態の人間にとり、もっとも基本的な権利なのだ。この権利を放棄し、好き勝手な行動を慎むことで、人間は社会に加わる。文明社会に帰属しながら、自然状態も享受する「いいとこ取り」はできない。

法のもとで公正な扱いを受けたければ、自分の利害に関して、何が公正かを勝手に決める権利を捨てなければならないのである。社会の正当性を信じ、おのれの自由をいったん返上することにより、人間は慣習の枠内における自由を確保する。

政府は「人間の自然な権利」、つまり自然権のうえにつくられるものではない。自然権は政府とはまったく無関係に存在するものだし、抽象概念としてはきわめてわかりやすい。だが、だからこそ現実には使いものにならないのだ。

権利が「自然」なものだとすれば、何もかも要求して当たり前という話になろう。たしかに政府は「人間にとって必要でありながら、なかなか手に入らないもの」を提供すべくつくられている。これらを政府から与えられるのは、人間の権利にほかならない。

けれども「自分の欲求に十分な歯止めをかけること」も、人間にとって必要でありながら、文明社会の存在なしには実現されないことの一つである。社会は個人にたいし、自己を抑制することを求める。のみならず集団で行動する際にも、みずからの意志や欲求を制御し、野放図に暴走しないことを求める。

これには何らかの外圧が欠かせない。自分の意志や欲求を、自分の意志や欲求によって抑え込めるはずがないのだ。その意味では社会によって課せられる制約も、社会によって与えられる自由同様、人間の権利と見なしうる。

ただし自由であれ制約であれ、具体的にどのようなものとなるかは、時代と状況によって異なるし、いくらでも細かく変わりうる。ゆえにこれらを、抽象的な規則によって決めることはできない。まして観念的な原則から出発する形で、自由や制約について論じるのはおよそナンセンスである。

政治は理屈を超えたもの

各人が好き勝手に振る舞うのを禁じ、制約を設けることから政府が生まれるとすれば、政治の本質は権利をめぐるサジ加減の見きわめにありということになる。このため、国家をどう構築し、権力をどう配分するかを決めるには、微妙で複雑な手腕が要求される。

政治にたずさわる者は、人間の本質は何か、人間は何を欲するかについて、深い知識を持たねばならない。さらに政策を実現するうえで、何がプラスで何がマイナスかもわきまえねばならない。

「人間は食べ物を得る権利がある」とか「人間は医療を受ける権利がある」とか、抽象的に論じて何になる！　重要なのは、食糧や医療を実際に提供することなのだ。ここでは哲学の教授連ではなく、農民や医師の手を借りたほうが良いのは明らかだろう。

国家を構築したり、そのシステムを刷新・改革したりする技術は、いわば実験科学であり、「理論上はうまくいくはずだから大丈夫」という類《たぐい》のものではない。現場の経験をちょっと積んだくらいでもダメである。

政策の真の当否は、やってみればすぐにわかるとはかぎらない。最初のうちは「百害あって一利なし」としか思えないものが、長期的にはじつに有益な結果をもたらすこともある。当初の段階における弊害こそ、のちの成功の原点だったということさえありうる。

これとは逆の事態も起こる。綿密に考案され、当初はちゃんと成果もあがっていた計画が、目も当てられない悲惨な失敗に終わる例は珍しくない。見過ごしてしまいそうなくらいに小さく、どうでもいいと片付けていた事柄が、往々にして国の盛衰を左右しかねない要因に化けたりするのだ。

政治の技術とは、かように理屈ではどうにもならぬものであり、しかも国の存立と繁栄にかかわっている以上、経験はいくらあっても足りない。もっとも賢明で鋭敏な人間が、生涯にわたって経験を積んだとしても足りないのである。

だとすれば、長年にわたって機能してきた社会システムを廃止するとか、うまくいく保証のない新しいシステムを導入・構築するとかいう場合は、「石橋を叩いて渡らない」を信条としなければならない。

人間の本性は複雑微妙であり、したがって政治が達成すべき目標もきわめて入り組んでいる。権力の構造を単純化することは、人間の本性に見合っておらず、社会のあり方としても望ましくない。

政治体制を新しく構築するにあたり、物事を単純明快にすることをめざしたと自慢する連中は、政治の何たるかを少しもわかっていないか、でなければおよそ怠慢なのだ。単純な政府とは、控えめに言っても、機能不全を運命づけられた代物にすぎない。

社会を特定の角度からしか眺めようとしない者にとっては、そんな政府のほうがずっと魅力的に映るだろう。達成すべき目標がただ一つしかないのであれば、たしかに政治体制は単純なほうが良い。

複雑な体制は、いくつものこみいった目標を満たすように構築されているため、個々の目標を達成する度合いにおいては劣る。だが社会が複雑なものである以上、

「多くの目標が不完全に、かつ途切れ途切れに達成される」ほうが、「いくつかの目標は完璧に達成されたが、そのせいで残りの目標は放りっぱなしになったか、むしろ前より後退した」というよりマシなのである。

第四章 革命派の暴挙を批判する

無謀で過激な「ぶち壊し屋」たち

ハッキリ言って、抵抗だの革命だのとしょっちゅう叫ぶ手合いは不愉快だ。この連中は、よほどの場合でなければ服用すべきでない劇薬を、毎日飲めと説いているに等しい。そんなことをすれば、社会全体の体質がひどく虚弱になってしまう。世の中には、抵抗するにしても穏健にやればいい——つまり平和的・合法的な手段で抗議すれば十分という程度の問題も多い。ところが、抵抗イコール過激なものと決めてかかっている者にかぎって、そのような場合は何の異議申し立てもしないのだ。戦争や革命をおっぱじめるか、でなければ無関心を決め込むかなのである。

「国はこうあるべし」という自己の理論に酔うあまり、現実の国家に良い点を見出そうとしない者は、ほんとうの意味では社会に関心など持っていない。善政を評価することもないし、悪政については心を痛めるどころか、革命の気運が高まると喜ぶ始末。

革命派にとっては、個々の人間であれ、政策であれ、はたまた政治的な原則であれ、よしあしを判断する基準は一つしかない。従来のシステムをぶち壊すのに役立つかどうかだ。だからこそ、暴力的で徹底した独裁を支持したかと思うと、極端なまでの平等や自由を唱えたりすることができるのだろう。

かかる政治手法は、きわめて好ましくない副作用をもたらす。非常事態においては、ときに非情な振る舞いも必要となるが、世の中をつねに非常事態と見なしたがる革命派は、人間を冷酷なものにしてしまうのだ。

こういった連中は、人権をめぐる理屈をこねるのに忙しくて、人間のあり方そのものを見失っている。新たな英知を切り開くつもりで、じつは心を閉ざしただけ。われわれの胸中に宿っているはずの優しさや共感は、すっかり歪《ゆが》められる結果となる。

陰謀、虐殺、暗殺も、それで革命が成就されるなら安いものにすぎない。犠牲や流血沙汰を回避して改革を実現するとか、死体の山を築かずに自由を獲得するのは生ぬるいようなのだ。革命派は物事をとことん変えないことには納得しない。芝居でいえば、舞台装置の大転換による派手なスペクタクルを観たくて仕方ないのである。

プライス牧師（訳注＝イギリスにおける革命支持派。フランスを見習おうという趣旨の説教を行った。プロローグ～第二章を参照）にとり、フランス革命はまさにそんなスペクタクルだった。説教のしめくくりで、彼は感極まってこう述べる。

「いまは何と偉大な時代であることか！　この革命を目の当たりにできて満足だ。『神よ、もう死んでも悔いはありません。あなたのもたらす救いをしかと見届けました』――ほとんどこう言いたくなる。英知は世に広まり、迷信と錯誤をくつがえした。人権はかつてなく理解されるに至り、自由を忘れかけていたかに思えた国々は、それを取り戻すべく立ち上がっている。

三〇〇〇万もの人々が決然たる怒りに燃えて、隷従をはねのけ、圧倒的な声で自由を求めたのだ。民衆が勝利する中、国王は彼らの凱旋《がいせん》行進に従わざるをえなかった。専制君主は、かつて支配していた者たちの前に屈したのである」（訳注＝

国王が民衆の凱旋行進に従ったとは、一七八九年十月、ベルサイユ宮殿にいたルイ十六世とその家族が、数千人の民衆によってパリに連行されたことを指す。以後、国王一家は実質的な軟禁状態に置かれた）

まともな人間なら誰であれ、この「凱旋行進」にショックを受けたに違いない。これはフランスの勝利などと呼べる代物ではなかった。たぶんフランス人の多くも、今回のパリ連行を恥ずかしくも恐ろしいことだと受け止めたことだろう。

革命派の集会では、無謀で暴力的、かつ不誠実な議論ほど、ずばぬけて素晴らしいものと見なされるようだ。人間性や優しさは、無知と迷信の産物だとバカにされる。温情をもって人に接するのは、民衆への裏切りとして扱われる。

自由は完璧でなければならず、そのためには他人の財産に手をつけても良いらしい。暗殺、虐殺、没収が横行する中、彼らは未来社会の望ましい秩序とやらを思い描く。

茶番を続ける国民議会

フランス国民議会は、これら革命派の言う通りにせざるをえない。すなわち議論の自由などないのだが、彼らは恥も外聞もなく、まともな議論をしているかのごとき茶番を繰り広げている。

祭りの日、ヤジや罵声《ばせい》を浴びせてくる観客の前に立たされたお笑い芸人さながらではないか。国民議会に与えられた権限は、革命派の理念同様、否定と破壊にのみ役立つものであり、建設的な性格はまったく持ち合わせていない。さらなる否定と破壊のメカニズムをつくり上げるのが関の山だ。

国民議会の議員も、革命派の独裁によって苦しんでいることだろう。この独裁に伴う汚名は、すべて自分たちがかぶらねばならないのに、決定権はなきに等しく、利益のおこぼれにもほとんどあずかれない。

みじめな国王！　みじめな議会！　さる一月、囚《とら》われの身となった王にたいし、議会の代表は新年の祝辞を述べた。そこで彼らは、昨年起きた一連の動乱を忘れてほしいと語っている。というのも、ほかならぬルイ十六世の手によって、今後、フランス国民には多くの良いことがもたらされるためだとか。

かくも白々しい挨拶をしなければならなかった議員たちの胸中はいかなるものだっただろう？　王の命令には従う、そう彼らは述べた。けれども王には、もはや命令を下す権威など残っていない。

イギリス人は、礼儀作法の見本ならドーバー海峡の向こう側にありと教わってきたし、フランスのファッションこそ最先端と思い込んできた。しかるにわれわれは、どうもまだ流行に追いつけず、パリ流の新しい紳士的な振る舞いになじめずにいる。

なにせパリでは、もっとも下等な動物のごとく名誉を傷つけられた者にたいして、「あなたの召使いが殺されたのは良いことです。あなたと奥方の命が狙われたのも、あなた自身が苦痛や汚辱に耐えねばならなかったのもめでたいことです。わが国はそこから多大な恩恵を得るのですから」と告げるのが（本気でそう思っているのか、ただの慰めかはともかく）、洗練された礼儀正しい言動と見なされるに至ったのである。誰であれ、こんな「称賛」を受けるようになったら、落ちるところまで落ちたと言わねばなるまい。

国王一家に加えられた蛮行

フランス国王は、自分が受けた仕打ちの数々を、議会代表の祝辞ともども忘れようとするだろう。しかし歴史はわれわれの行動をすべて記録し、あらゆる権力のあり方にたいして厳正な評価を下す。

今回の革命騒ぎが歴史から忘れ去られることはない。そして歴史は、われわれの生きるこの時代を、自由の名のもと、人間の行動が大いに「洗練」された時代として評価するだろう。たとえばこんなふうに、である。

一七八九年十月六日の朝、フランスの王と王妃は数時間の休息を取っていた。混乱と驚愕《きょうがく》、狼狽《ろうばい》と殺戮に満ちた一日の果て、身の安全は保証しようという民衆の言葉を信じ、憂鬱《ゆううつ》な眠りについたのだ（訳注＝この前日の段階で、民衆はベルサイユ宮殿に押しかけていた。なお以下の記述は、かなり脚色されたものと言われる）。

だが寝室を警護していた歩哨《ほしょう》の声で、まず王妃が目を醒ます。「お逃げくださ い！　お命が狙われています。暴徒が乱入してきました。もう防ぎようがありま せん」――こう叫んだ直後、歩哨は死んだ。あっという間に斬られたのである。冷酷なゴロツキと殺し屋の一団が、返り血をしたたらせながら寝室に乱入、銃剣や短刀でベッドを繰り返し突き刺した。間一髪、ほとんど裸で逃げ出した王妃は、暴徒の裏をかいて、夫である王のもとに逃げ込む。とはいえ彼の命も、もはや風前の灯火《ともしび》であった。

やがて王と王妃、および幼い王子たち（フランス国民がまだ立派で温厚だったころなら、国全体の誇りや希望と目されたはずだ）は、世界でもっとも素晴らしい宮殿の一つから追い出される。殺戮が続いたあげく、宮殿は血の海と化しており、ちぎれた手足や八つ裂きになった胴体が散乱している。

国王一家は、首都へと連行されることになる。民衆による一方的な虐殺のしめくくりとして、王の護衛を務めていた二人の紳士が犠牲者に選ばれる。正義の処刑の名のもと、この二人は公衆の面前で死刑台へと引き立てられ、そのまま首を切られた。凱旋行進の先陣を切ったのは、彼らの頭を突き刺した槍であった。

行列はゆっくりと進んだ。ルイ十六世とその家族は、化け物のごとき野卑な女たちに取り囲まれた（訳注＝ベルサイユに押しかけた群衆には、主婦を中心とする女性が多数交《ま》じっていた）。おぞましい罵声、金切り声、醜悪で狂気じみた踊り、聞くに堪えない侮辱など、地獄の沙汰もかくやという光景が展開された。

一二マイルの道のりを、えんえん六時間かけて進む間、国王一家は死よりもひどい苦しみを味わった。そして彼らは、凱旋行進に加わった兵士たちによって、パリの古い宮殿に押し込められ、そこが王家の監獄となったのだ。

ただし、この「美しい日」の慶事には、国王一家の殺害までは含まれなかった（訳注＝革命後、初のパリ市長となったジャン・シルヴァン・バイイは、パリ連行の起きた一七八九年十月六日を「美しい日」と呼んだ）。英知が世に広まり、迷信と錯誤をくつがえしつつあるいまの時代といえども、まだその段階には達していない。

ゆえにフランス国王は、忘れてしまいたくなるような仕打ちをこれからも受けるだろう。彼が苦しめば苦しむほど、あるいは「啓蒙《けいもう》」や「愛国」を謳った犯罪行為が行われれば行われるほど、世の中にはたくさんの良いことがもたらされるらしいのである。

光明と英知に満ちた時代にふさわしい偉業は、その意味で完遂されたわけではなかった。それでも、人間が人間をこんなにもひどく扱うことができるというだけで、ガチガチの革命派でもないかぎり、誰であれショックを受けずにはいられない。

もっとハッキリさせよう。人間本来の感情を重んじ、「近代の光明」なるものをまったく浴びていない私にとって、高貴な人々がこのように虐待されるのは、喜ぶべきことどころか、およそ忌《い》まわしいことだ。

わけても王妃は、幾多の王や皇帝を先祖に持つうえ（訳注＝マリー・アントワネットは、ヨーロッパ有数の名門ハプスブルク家に生まれた）、美しくも優しいお方だし、王子たちはまだ幼い。両親の受けた蛮行がいかにおぞましいか、幼さゆえに気付かなければ、せめてもの救いと言えるだろう。

騎士道の誇りは失われた

十六年か十七年前のこと、私はベルサイユでフランス王妃のお姿を見る機会に恵まれた。当時は王太子妃だったが、まさに絶世の美しさで、天使と見まがうばかりだった。

地平線のすぐ上、一段高くなっているところに妃殿下が歩を進めるや、とたんに周囲が華やいだ。明けの明星さながらに輝き、みずみずしくも威厳と歓喜に満ちたお方！　それがこんな運命をたどるとは！　王妃の栄光と没落をかえりみて何も感じない者は、人の心を持たぬ者である。

フランスの男は勇気にあふれ、名誉と品格を重んじたはず。今回のような災難が妃殿下に降りかかるとは想像もできなかった。誰かが王妃にたいして侮蔑のまなざしを向けただけで、無礼者とばかり、皆がいっせいに剣を抜くものと思っていた。

しかし騎士道の時代は過ぎ去った。いまは詭弁《きべん》と損得勘定、そして陰謀に長《た》けた者たちの時代であり、誇り高きヨーロッパは永遠に消えてしまった。高貴な者や優美な女性への忠誠という、あの素晴らしい伝統は二度と戻らないのだ。

くだんの伝統のもとでは、従順さにも尊厳が宿り、服従の中にも高らかな自由の息吹があった。それがなくなってしまうとは！　騎士道精神は原則を重んじ、名誉の純潔を守り、汚名には文字通りの痛みをおぼえる。

この精神は、勇気と節度を同時に与え、あらゆるものを気高くする。悪にすら品格が宿り、それによって実害が軽減されたのである。騎士道は身分秩序を乱すことなく、社会全体に「高貴なる平等」と呼ぶべきものをもたらす。王は王であると同時に万人の友となり、平民は平民であると同時に王の仲間となる。

権力を持つ者、あるいはプライドの高い者は、とかく尊大に振る舞いやすい。これを自然にやわらげてくれるのが騎士道である。君主は人々に敬愛されるべく勝手な真似を慎み、頑迷な権威は優美なものに変わる。法律に頼らないかぎり物事が仕切れない社会より、誰もが礼節を知るがゆえに物事が丸く収まる社会のほうが望ましいのは明らかだろう。

ところが、すべては変わらねばならない。騎士道のもとでは、権力は穏健であり、人々は自由の精神を保ちつつ支配を受け入れた。かくして社会の各階層は調和し、政治にも気配りや思いやりが見られた。

いわば個人的な付き合いにおけるエチケットが、公共の場にも持ち込まれたわけだが、啓蒙と理性を掲げる連中は、これらいっさいをキレイゴトの幻想として消し去る。彼らの発想のもとでは、王といえどもただの男にすぎず、王妃もたんなる女にすぎない。女は人間というより動物で、おまけにさほど高級な動物ではないとくる。

王はもとより、自分の父親、あるいは聖職者を殺したところで、とりわけ罪が重いこともない。そんな発想は迷信に基づく虚構にすぎず、法律をややこしくするだけなのだ。のみならず「民衆の利益になる」のであれば、王、王妃、僧正などを殺すのは大いに許容されることで、あまり問題にすべきではないらしい。

伝統なき社会は機能しない

かくも野蛮な世界観は、冷酷な心と混乱した頭脳が結びついて生み出したものである。それは悪趣味で粗野なばかりでなく、真の賢明さとも無縁と評しえよう。啓蒙思想のもとでは、法秩序を支えるものは二つしかない。第一は、法律に違反すれば罰せられるという恐怖。第二は、法律に沿って行動したほうが自分の思惑が満たされるか、少なくとも損にはならないという打算である。

国への愛をかき立てる要素は何もない。けれども愛を追放したあと、その穴を理屈で埋め合わせることはできないのだ。公共の事物にたいする愛着が、礼節を大事にする慣習と結びつかなければ、社会の安定などありえない。

愛着と慣習は、法律の効力を強める場合もあるし、逆に緩和する場合もある。とはいえ、このような調整弁の存在は、法秩序を維持するうえでつねにプラスになる。いやしくも国家たるもの、われわれが襟を正したくなるような良い慣習を持っていなければならない。麗《うるわ》しくない祖国を愛する者はいないのだ。

慣習が消滅するとき、社会秩序は根底より揺らがざるをえない。しかしその場合でも、権力は何らかの形で存在しつづける。そして慣習という支えが失われた以上、秩序を維持するには、もっと露骨な手段——暴力に訴えるほかなくなる。伝統的なシステムをひっくり返すべく、伝統的な慣習を破壊したことのツケは、こうやって回ってくるのである。

封建制を起源とする騎士道は、忠義の精神を社会にもたらした。忠義が重んじられるかぎり、反乱が生じる恐れはない。反乱の恐れがなければ、圧政を敷く必要もなく、王と国民の双方が安心していられる。だが忠義の精神が失われたら最後、王は陰謀や暗殺の恐怖にさいなまれたあげく、不穏分子の処刑や財産の没収といった、残酷で血なまぐさい手を使い出すだろう。

統治する側とされる側とが、互いに相手を信頼し、その信頼を裏切る真似は名誉にかけてもしないという姿勢を見せてこそ、権力は穏やかなものとなる。国民が忠義の原則を捨て去るとき、王は身を守るためにも暴君とならざるをえないのだ。

長年にわたって保たれてきた価値観や慣習が失われることの損失は、まさしく計り知れないものである。それは航海中の船が羅針盤をなくすにも等しい。自分たちが正しい方向に進んでいるかはむろん、そもそもどんな方向をめざしているのかさえわからなくなってしまう。

フランス革命が生じたとき、ヨーロッパは全体として明らかに繁栄していた。伝統的な価値観や慣習が、この繁栄にどれだけ貢献していたかを具体的に計るのは難しい。けれども両者が無関係であるはずはない以上、伝統は社会にとって有益なものと見なして差し支えあるまい。

われわれの慣習、さらに文明は、さまざまな良い点を持ち合わせている。これを支えてきたのは貴族と聖職者であった。戦争や混乱のさなかにあっても、学問や文化が存続してきたのは、彼らの努力や庇護《ひご》のおかげなのだ。経済を重視する政治家は、商業、交易、工業などにばかりこだわるが、これらにしたところで、貴族的精神や信仰心に多くを負っている可能性が高い。

ヨーロッパの経済的発展は、伝統的な価値観や慣習のもとで始まったのである。となれば伝統の否定は、経済をも衰退させるだろう。現にフランスでは、少なくとも目下のところ、商業も交易も工業も、そろって消滅しかねないありさまではないか。

古くから受け継がれた価値観を抜きにして、社会がちゃんと機能するかどうか試してみたあげく、経済も学問・文化もすべてパアにしてしまえば、国家はいったいどうなる？　醜いまでに愚かで凶暴、おまけに貧しく卑しい野蛮人の群れへと落ちぶれるのは明らかだ。信仰もなく、名誉もなく、雄々しいプライドもない、そんな国には何もないし、未来への展望も望みえない。

人間の自然な感情に学べ

こういった忌まわしくもおぞましい状態へと、フランスが突っ走っていないことを願う。国民議会や、革命指導者たちの動向を見ると、発想の貧困や、粗野で下卑《げび》た姿勢といった特徴がすでにうかがわれる。彼らの説く自由には寛大さがない。彼らの科学なるものは無知な思い上がりにすぎない。彼らの人間性は冷酷で粗暴である。

イギリスはつねに、フランスから多かれ少なかれ影響を受けてきた。そのフランスで、文化や慣習の水源が枯渇したり、汚染されたりするならば、イギリスでも同じことが生じかねない。いや、あらゆる国に余波が及ぶ恐れすらあろう。ゆえに私は、同国で起きている事態について、ヨーロッパ全体が深い関心を持たねばならないと考える。

一七八九年十月六日の残虐な凱旋行進（訳注＝国王一家のパリ連行を指す）について、えんえんこだわってきた理由もここにある。あの日、フランスではもっとも重大な革命が始まったように思う。われわれの物の感じ方、振る舞い方、あるいは倫理的な価値観を根底からくつがえそうとする動きが表面化したのだ。

プライス牧師一派のごとき革命支持派と違って、私はこの凱旋行進を賛美する気になれない。なぜか？　理由は簡単、人間としての自然な感情を持ち合わせているからである。今回の出来事は、人の世の栄華のはかなさや、偉大な者も粗末に扱われうることを浮き彫りにした。

そんな光景を見せつけられたら、憂鬱になるのが当たり前ではないか。この自然な心の動きは、多くのものをもたらしてくれる。ぎょっとして自分の身を振り返り、恐怖と憐憫《れんびん》の情に駆られて雑念が吹き飛ぶのだ。そして弱々しくも愚かなプライドが抑え込まれる結果、われわれは謙虚、かつ賢明になる。

かりに芝居を観に行って、パリ連行のような場面に出くわしたとする。私は悲劇性に打たれて、客席で涙を流すことだろう。顔を塗りたくった役者の演技にそこまで心を揺さぶられる者が、現実のパリ連行には拍手喝采を送ったとしたら？おのれの偽善を恥じるあまり、私は二度と劇場に足を運べなくなってしまう。

真面目な話、倫理的価値観の何たるかを知るうえでは、劇場のほうが教会よりもふさわしい。芝居は興奮や感動を売り物とするからだ。ドラマとは倫理をめぐる感情の葛藤《かっとう》にほかならず、観客にしても、まだ人権の観念になど取り憑かれてはいない。とすれば劇作家諸氏も、「民衆が王を打ち負かした、万歳！」といった作品を書く真似はできまい。

劇場において、人は自然な感情に身をゆだねる。陰謀や策略を美化する芝居など受けつけるはずがない。そして君主の独裁を実現するためのものであろうと、民衆の独裁を実現するためのものであろうと、陰謀は陰謀であり、策略は策略なのである。

フランス革命を芝居にたとえると

「民衆の勝利」の日に行われたことは、芝居にたとえればこんな具合だ。恐怖を売る店があって、その中に天秤《てんびん》が吊るされている。主演俳優が、天秤の一方の皿に「現実の犯罪行為」を載せ、反対側の皿に「得られるかどうかもわからない利益」を載せる。あれこれ計った末、やはり利益のほうが大きかった、と宣言する次第。演劇発祥の地、古代アテネの観客ならヒンシュクの嵐で迎えたに違いない。

あるいはこんな具合だ。舞台は政界の会計事務所。スタッフが「伝統的な君主政治による犯罪行為」と「新しい民主主義による犯罪行為」の貸借対照表をつくっている。あれこれ足したり引いたりした末、いまはまだ民主主義による犯罪行為のほうが足りず、赤字の状態になっているものの、きっとすぐ黒字になるだろう、と宣言する次第。またもヒンシュクの嵐だろう。

そんな損得勘定のもとではいかなる犯罪行為も正当化されると、観客は直感的に見抜くのだ。物事が最悪の事態にまで至らなかったとしても、たまたまそうならなかっただけの話であって、陰謀家たちが「裏切りや流血沙汰に手を染めるといっても限度がある」とわきまえていたおかげではない。むしろ犯罪行為はエスカレートするだろう。はじめは「望ましくないが、革命のためには仕方ない」と見なされた振る舞いが、やがて「革命のためにも大いにやるべし」ということになる。倫理的な節度を保って行動するより、そのほうが手っ取り早いからだ。

公共の利益につながるなら裏切りや殺人も許されると構えたら最後、公共の利益はすぐさま口実にすぎないものとなり、裏切りのための裏切り、殺人のための殺人が横行する。事態が収拾されるには、強奪、悪意、復讐《ふくしゅう》、そして「自分もいつやられるか」という恐怖がとことん激しくなり、さすがの革命派も音《ね》を上げるまで待つしかない。これこそ人権の勝利とやらに酔いしれ、いっさいの自然な感情を見失った帰結なのである。

第五章
教会は大事にすべきだ

過去を受け継ぐイギリス人

私の見るところ、国王一家のパリ連行という事態を「民衆の勝利」と称える者など、この国では一〇〇人に一人もいない。

かりにフランスの王と王妃、それに王子たちが、戦争でわれわれの捕虜になったとする（戦争が起きてほしいということではない。念のため）。両国間の敵意がどれほど激しくなっていようと、イギリス軍は彼らをロンドンに連れてくるにあたり、丁重《ていちょう》に敬意を払うだろう。

くだんの事態は、かつて実際に生じた（訳注＝英仏間で百年戦争が展開されていた一三五六年、フランス王ジャン二世は、イギリスからの遠征軍に敗れて捕らえられた）。捕虜となった王が、わが軍の司令官にどう扱われたか、あるいはイギリスに送られたあと、いかなる待遇を受けたか、それは記録に残されている通りである。

四百年の歳月が過ぎ去ったとはいえ、われわれはそのころからほとんど変わっていないと信じる。イギリス人は「革新」と聞くや、むっつりと眉にツバをつける国民であり、熱しやすく冷めやすいどころか、鈍重なまでに熱しにくい。

おかげでわれわれは、過去の世代のあり方をいまも受け継いでいる。十四世紀、ジャン王を捕らえた先祖たちは、寛大さと尊厳をもってこれを処理したが、当の精神は（私の考えるかぎり）失われていない。

時代の流行にうといイギリス人は、野蛮で残忍な振る舞いができるほど「啓蒙」されていないのだ。われわれはルソーにかぶれてもいないし、ヴォルテールの思想を信奉してもいない。エルヴェシウスの影響も皆無と言える（訳注＝これらはすべて、フランス革命の理念的基盤を提供した哲学者たち）。

無神論者の説教に聞き入ることもなければ、頭のイカれた連中に法律をつくらせることもない。社会のあり方をくつがえすような真理を発見したという思い込みとも、むろん無縁である。だいたいわれわれは、道徳や倫理の領域において、新たに発見されるべき真理が存在するとは思っていない。

政治の諸原則についても、自由の概念についても、真理と呼ぶに値するものは、われわれが生まれる前から確立されていた。そしてわれわれのでしゃばった振る舞いが地中深く封印され、小生意気な弁舌が墓石の沈黙に取って代わられたあと、つまりは死んだあとになっても、これらの真理は変わらず残っているであろう。

イギリス人は、持って生まれた骨をまだ完全には抜かれていないということだ。われわれはいまでも、自然な感情に従って行動する。おのれの義務を果たしているかどうか気を配り、自由や名誉の基盤となる倫理を重んじる。

社会は自然な感情によって大いに支えられており、ゆえにわれわれは、そのような感情を大切にする。イギリス人の胸の中には、生身の心臓が脈打っている。われわれは神を恐れ、王に畏怖《いふ》の念を抱き、議会に愛着をおぼえる。法の番人の前では服従し、僧侶の前では敬虔《けいけん》な気持ちになり、貴族を前にすれば礼儀を正す。なぜか？　それこそが自然な反応だからだ。

固定観念は価値あるもの

理性の光に満ちているらしい昨今のご時世だが、あえて正直に言わせてもらおう。イギリス人の中には、理屈抜きの感情が生きている。これらの感情に基づいた世界観を、われわれは古くさい固定観念として捨て去るどころか、たいそう大事なものと見なす。

固定観念であるにもかかわらず大事にするのではない、固定観念だからこそ大事にするのだ。そして固定観念の中でも、長らく存続してきたものや、多くの人々に浸透しているものは、わけても尊重されるべきだと考える。

誰もが自分の理性に従って行動するのは、社会のあり方として望ましいことではない。個々の人間の理性など、おそらく非常に小さなものにすぎないからである。国民規模で定着した物の見方や、時代を超えて受け継がれた考え方に基づいて行動したほうが、はるかに賢明と言えるだろう。

わが国の哲学者の多くは、伝統的な固定観念を全否定するのではなく、その中にいかなる英知が潜んでいるかを突き止めようとしてきた。ほとんどの場合、彼らは「固定観念にも価値がある」と気付くに至る。いたずらにこれを排し、理性をむきだしの状態にするより、固定観念と理性を結びつけて共存させるほうが得策だという結論に達するのだ。

固定観念と結びついた理性は、人間を積極的な行動へと向かわせる。固定観念の中には理屈抜きの感情が宿っているためである。同じ理由により、固定観念に裏打ちされているほうが、理性のあり方はブレなくなる。

非常事態において、これはとくに大きな意味を持つ。とっさに判断を下さねばならないとき、取るべき行動を明確に提示してくれるのは固定観念のほかにない。こうしてわれわれは、肝心な瞬間に「どうする、どうする」と思い悩んで立ち往生せずにすむ。

人間はいつでも善いことをするとはかぎらないものの、望ましい固定観念に支えられれば善行をする習慣が身につく。つまりは社会にたいする義務を、本能的に果たすようになるのである。

フランスのインテリや政治家たち、ついでにわが国の「啓蒙主義」一派は、こういうことがさっぱり理解できないらしい。彼らは他人の英知に敬意を払おうとせず、そのかわり自分の英知を絶対視する。古くから続いてきた制度は、ただ古いというだけで否定されてしまう。

新しい制度をつくり上げるときも、こんなに急ごしらえで大丈夫かなどと心配することはない。過去に価値を見出そうとせず、「進歩」にすべてを賭ける連中にとって、物事が長持ちするかどうかなど関心外なのだ。

政府の形態など、ファッションのごとくコロコロ変わって構わないことになる。憲法への愛着にしても、とりあえず都合が良ければ、という程度。それどころか彼らは、祖国すらほんとうには愛していない。自分たちが好きにいじり回せる間だけ、愛国心を抱いているような気になるだけの話。

聞くところによると、フランス国内では、今回の革命はイギリスの事例を手本にしたなどという説が出回っているとか。断言させてもらうが、目下そちらで起きている騒動は、わが国の政治のあり方とは似ても似つかない。革命派の唱える理念にしても、大多数のイギリス人の考え方とはおよそ異なる代物にすぎない。

ついでに言えば、われわれはフランス革命から何かを学ぶつもりも毛頭ない。事態のなりゆきに無関心でいられないのは事実だが、それは影響が及んだりしないよう、距離を取らねばならないと用心しているのだ。

かりにこの革命が、あらゆる社会問題を解決する万能薬だったとしても、われわれは真似したいとは思わない。必要のない薬を服用するのは、決して良い結果をもたらさないからである。ましてこの革命は、とんでもない疫病かもしれない。その場合は厳重な隔離措置によって、わが国への蔓延《まんえん》を阻止しなければなるまい。

自由な社会ほど宗教が必要

フランスの革命派は、宗教を迷信と片付けているようだ。しかし宗教こそは文明社会の基盤であり、あらゆる善と幸福の源である。これは観念論ではなく、われわれの実感にほかならない。

人間とは不合理なものなので、長い年月が過ぎるうち、宗教も少々サビついて迷信じみてくることはありうる。けれどもイギリス人は、宗教自体の必要性については揺るぎない確信を持っている。「迷信を一掃すべく、宗教そのものを否定せよ」などという主張には、一〇〇人のうち九九人までが反対するに違いない。システムに生じた腐敗や欠陥を正し、完璧なものにしようとこだわるあまり、システム全体をぶち壊してしまうのはバカげたことではないか。

教会制度こそ、イギリス人の世界観の基盤をなすものである。それは非合理的などころか、広く深い英知を伴っている。宗教のおかげで、われわれは人間のあり方をめぐる古くからの理想を受け継ぎ、それを踏まえて行動することを学ぶ。

聡明な建築家が立派な建物をつくり上げるように、宗教に基づく理想は堂々たる国家を築き上げた。さらにこの理想は、社会全体を「神の御心《みこころ》に沿うべきもの」と位置づけ、行政にかかわる者に厳粛な使命感を与えることで、欺瞞、暴力、不正、圧政を排し、国家の堕落や荒廃を防ぐ役割も果たしている。

教会が国家を神聖なものとして祝福することは、自由な社会の場合、とりわけ欠かせない。自由が保障されているとは、人々が一定の権力を行使できることを意味する。したがって彼らは、国家にたいする畏敬《いけい》の念も持たねばならないのだ。

人々が隷従の状態にあり、政治に参加できないのなら、国家が宗教によって支えられなくとも大した問題は生じない。だが多少たりとも権力を持つに至った者は、自分の行動に責任がついて回ることを自覚する必要がある。誰であれ、いずれは神の御前《みまえ》に立ち、おのれの行動について申し開きをしなければならないとわきまえていれば、この自覚も強められるだろう。

君主ならば、自分の背負っている責任を自覚せずにはいられない。臣下が手足となって動いてくれないかぎり、どんな君主も無力だからだ。人を使う立場にある者は、それによって制約も受ける。

彼の権力は完全なものではない。何でも好き放題にできるわけではないのである。いかに周囲からお世辞ばかり言われようと、いかに尊大でプライドが高かろうと、君主たるもの、横暴には何らかの形でしっぺ返しがくるとわかっている。けれども民衆が絶対的な権力を握るとなれば話は違う。彼らの立場は、君主などよりずっと強いものとなる。なぜなら民衆は、みずからがみずからの手足となって動けるのだ。

おまけに彼らは、守るべき名声も持ち合わせていないし、評判を気にかけることもない。つまり歯止めとなるものがないのである。

民衆の行動は、世論によって必ず支持される。世論とは民衆の意見なのだから、これは当然であろう。完璧な民主主義こそ、もっとも恥知らずな政治形態なのだ。そして恥知らずということは、とんでもないことを平然としでかすことを意味する。

やりすぎのせいで罰せられるのではないかと恐れる者はいない。いや、民衆はそんな不安を抱く必要がないのだ。刑罰とは本質的に、民衆全体を保護するための見せしめとしての性格を持つ。裏を返せば、民衆全体を罰することなど誰にもできない。

だからこそ「民意はつねに正しい」という発想を許容してはならないのである。好き勝手に権力を行使してはいけない点では、君主も民衆も同じだ。しかも民衆の横暴は、君主の横暴と比べても、社会に大きなダメージを与える。

民主主義が機能するためには、民衆はエゴイズムを捨てねばならない。宗教の力なくして、これはまったく不可能と言える。国家は聖なるものであり、権力は神の御心に沿うべく行使されるとき、はじめて正当なものとなる――かかる認識が定着しないことには、粗野で無能な連中が政権の座についてしまうだろう。

安易に秩序を否定してはならぬ

けれども国家や法律が、教会によって祝福されるべきもっとも根源的な理由はほかにある。現在、社会の第一線に立っている世代は、先祖から多くのものを受け継いだはずだし、子孫にも多くのものを受け継がせてゆかねばならない。

このことを忘れ、世の中が自分たち一代きりで成り立っているかのごとく振る舞ってはいけないのだ。国家は神聖だとわきまえていれば、伝統的な社会制度をいじり回して台なしにすることもあるまい。それは前の世代から相続した財産を、のちの世代のために残しておかず、浪費の末に使い果たすようなものである。

時代の風潮やら流行やらに流されて、国家のあり方をコロコロ変えてしまうなら、社会の本質である連続性が破壊される。世代間のつながりは失われ、われわれは夏の間だけブンブン飛んでいるハエ同然の代物となるに違いない。

変化が激しすぎるあまり、物事が「何でもあり」と化すことの弊害は、従来の習慣に固執することや、頑迷な固定観念を信奉することの弊害と比べても、一〇〇〇倍、いや一万倍も悪い。ゆえに国家の欠陥や腐敗を追及する場合は、誰であれ十分に慎重であるべきなのだ。

まして改革の名のもと、従来のシステムを根底よりひっくり返すなど禁物である。国家の問題点に触れたいのなら、自分の父親の傷口を触るときのように、畏敬の念と繊細な気遣いを持ってもらいたい。

ところが世の中には、老いた親を八つ裂きにするかのごとく、祖国をズタズタにして平気な者たちも存在する（訳注＝第三章でバークは、革命派による共和制の導入により、フランス各地に自治体が乱立、国家としてのまとまりがなくなったと批判している）。こういう手合いは黒魔術を信奉しているらしい——バラバラになった親の死体、もとへ国家の残骸《ざんがい》を、「改革」という名の大釜に放り込み、毒草を加えて呪文を唱えるだけで、すべてが元通りに復活すると思っているのだ。ゾッとする光景としか言いようがない。

既存の秩序の全否定を正当化しうるもの、それは「他にいかなる選択の余地もない」という絶対的な必要性のみである。革命とは「したいからする」ものではなく、「否応なしにせざるをえない」ものでなければならない。熟考とか、議論とか、客観的証拠といったレベルを超えて、誰もが革命の必要性を肌で実感するまで待つべきなのだ。

かかる慎重さを忘れ、安易に秩序を否定する道を選べばどうなるか。社会の基盤たる法体系は崩れ、自然な人間性は見失われる。そして世の中は、理性、秩序、平和、美徳、有益な自省といった望ましい特徴を持つものではなくなり、狂気、対立、悪徳、混乱、虚しい悲哀がはびこることになるだろう。

教会資産を保障すべき理由

イギリスには国教会があるわけだが、われわれの大多数は、そのことを不当だなどと思ってはいない。国家によって公認された教会は、あって当たり前と見なしている。わが国において、国教会制度は「あってもなくても良いもの」ではなく、「必要不可欠なもの」にほかならない。

教会は国体の基盤をなしており、あらゆる点において、国のあり方と密接不可分の関係を持つ。イギリス人にとって、教会と国家は一体であり、どちらか一方が話題になれば、もう一方も決まって引き合いに出される。

かくも重要な組織が、もっぱら個人の寄付に頼って財源を保つのは望ましくない。行政機構や軍隊と同じように、教会もしっかりとした経済的基盤を持つべきなのだ。いわんや教会の資産を没収し、かわりに政府が聖職者に俸給を支払うなど、わが国では絶対に許されないだろう（訳注＝革命直後の一七八九年十一月、フランスではこの措置が実行された）。

聖職者は自立していなければならず、政府の金に依存して暮らすようであってはならない。これには教会を守るだけでなく、国のあり方を守る意味合いもこめられている。

経済的に依存すれば、相手の顔色をうかがわざるをえない。しかるに聖職者が国王の言いなりになったら、国民の自由が脅かされることにもなりかねないし、他の政治勢力の言いなりになったら、教会が諸党派の争いの場となったあげく、社会に混乱が生じかねないのだ。

こうしてイギリス人は、国王や貴族同様、教会が独立した資産を持つことを認めた。この資産は私有財産の一種として扱われる。教会の資産にたいし、国家は保護や規制を加えることはできても、勝手に処分したり没収したりはできない。

教会が貧しいと、その影響力にも差し障《さわ》りが生じる。聖職者たるもの、長年にわたって富や権力を誇ってきた人々や、新たに出世して成り上がった人々とも交際し、時には彼らを感化しなければならない。だとすれば、それなりの威厳が必要となってくる。

召使い同然のみすぼらしい格好をしていては、まともに相手にされるはずもなかろう。傲慢な無知を正し、厚かましい悪徳が蔓延しないようにするためにも、聖職者は富裕層から軽蔑されてはならないし、彼らに依存して生きるべきではない。また富裕層も、宗教にこそ魂の真の癒《いや》しがあることを忘れてはならない。

右の各点を考慮した結果、わが国の憲法は教会の経済的基盤を周到に保障した。自由と寛大さを持ち合わせた賢い国民は、高位の聖職者に深い尊敬の念を抱く――

これこそ、他国の傲慢な君主や、その代弁者に向けて、イギリス人が送るメッセージである。

大主教が公爵よりも偉いのは、べつに苦痛や不満のタネではない（訳注＝「主教」はカトリック教会の「司教」にあたる）。ダラムやウィンチェスターなどの都市の主教は、毎年一万ポンドの収入を得ているものの、これが伯爵や大地主の収入に比肩するからといって問題になることもない。

なるほど教会の収入が、最後の一シリングに至るまで、ことごとく慈善目的に使われているとは言えない。そうすることが望ましいかどうかにも、議論の余地があるだろう。けれども教会が慈善活動をかなり行っているのも間違いない。

美徳や人間性は、自由意思を尊重することで育《はぐく》まれる。教会を政府に従属させ、収入のすべてを強制的に慈善へと回させるのは、一見すると効率的なようだが、結果的にはむしろマイナスとなるだろう。

自由なくして美徳は存在しえない。教会に自由を認めれば、その美徳が高められることで、社会全体がメリットを得るのだ。

資産没収は暴君のやり口

いささかのお国自慢をこめて言わせてもらおう。わがイギリスにも、教会資産の没収という措置を称賛する者たちがいないわけではない。しかし彼らは、ひどく失望させられるハメとなった。

フランスの教会が略奪される様子に、大多数の人々は肝をつぶした。恥知らずな没収行為が、かくも大規模に行われるのを目の当たりにして、わが国では「教会を守れ」という恐怖と警戒心が高まった。

革命を指導している連中の正体についても、イギリス人は的確に見抜きつつある。夜郎自大なまでに独善的で、自由がどうこうと唱えながらも、じつは冷酷で狡猾《こうかつ》。今回の革命騒ぎは、コソコソした偽善やサギに始まり、公然たる暴力や収奪へとなだれ込んだ。

似たような兆候はわが国にも見られる。ならば似たような結末に至らぬよう、十分用心しなければなるまい。

何の罪もない個人の資産を、公共の利益のためと称して没収するなど言語道断だ。私有財産の尊重、それは法的な義務にほかならず、社会を維持するために不可欠なものである。まして教会にかかわっているというだけで、数百名、いや数千名の人々の資産を、いっさいの法的手続きを無視して奪うなど、暴君のやり口だとしか評しようがない。

「暴君」なる言葉は、人間性を歪めたり、貶めたりする政府すべてにあてはまる。言い換えれば民衆も暴君になりうるのだ。高い地位にあり、神聖な職務を遂行していた人々を、こんなふうに引きずり下ろすとは、よほど残忍でなければ思いつきもしないだろう。

おまけに資産を奪われた聖職者には、高齢者も多く含まれている。普通に考えれば、尊敬と共感を集めて当然の存在ではないか。彼らは土地を所有し、悠々自適の状態にあった。そんな恵まれた立場から、困窮と失意に苦しみ、周囲からも軽蔑される状態に突き落とされてしまったのである。

これらの被害者にたいし、革命政府も何がしかの施しを与えてはいる。けれども当の施しは、没収した資産から捻出されており、金額もごくわずかなものにすぎない。いわば聖職者たちは、食事の席からいきなり追い払われたあげく、食べ残しやパン屑《くず》を分けてもらっているに等しいのだ。食卓には代わって強欲な高利貸しの一群が座り込み、飲めや歌えの宴会を繰り広げる始末。

ところがこの資産没収、不当な略奪行為どころか、合法的な措置ということになるらしい。パレ・ロワイヤルやジャコバン・クラブ（訳注＝ともにパリにおける革命派の拠点）で流行っている説では、ある種の人々の財産権は無効と見なされる。たとえその権利が、法律、慣例、裁判所の判断、さらには千年にも及ぶ伝統によって支えられていようと無効なのだ。

革命派によれば、聖職者なる身分は国家によってつくられた虚構にすぎない。したがって、その権限を修正したり、制約を加えたりしたところで問題はないとくる。事と次第によっては、権限を全廃することさえ許されるのだろう。また聖職者の資産は、厳密には彼らのものではなく、虚構の身分をつくり上げた国家に帰属する。

ゆえに今回の措置は、私有財産を取り上げたわけではないのであり、個々の聖職者が苦しみを味わったところで気にしなくても良いとのこと。多くの人々を傷つけ、職務にたいする正当な報酬を奪い取るときすら、もっともらしい名目をつければ一件落着というつもりだろうか？

国家的信用をめぐる二枚舌

教会の財産権を踏みにじるにあたって、革命派は当初、呆《あき》れるばかりの口実を持ち出した。自国の政府をひっくり返しておきながら、「フランスの国家的信用は守られねばならない」と主張したのである。すなわち彼らは、旧政府の抱えた債務を履行することに関して、たいそう律儀で几帳面な姿勢を見せたのだった。

この連中ときたら、人権とやらを説いて回るのに忙しすぎて、自分が勉強する時間をまったく持っていないのだろう。国家の信用は、何よりもまず国民の資産を保全することにかかっている。政府に金を貸した者たちの要求に応えるべく私有財産に手をつけるなど、本末転倒もいいところ。

君主に統治されていようが、議会が最高機関となっていようが、国の借金の担保となりうるのは国家資産のみである。そして国家資産の基盤は、国民から公平かつ応分に徴収した租税以外にない。これは債権者たちも十分に承知していたはずだ。

おまけに革命政府は「フランスの国家的信用」について、きわめて厳格にこだわるかと思えば、ひどくいい加減に扱ってもいる。しかもこれは、国家にとって真に重要な事柄を優先させることから生じたものではなく、「金融関係者との約束は何をさしおいても守る」という方針に基づいたものなのだ。この点をめぐり、もう少し詳しく触れておく。

フランス国民議会は、革命以前の政府が定めた法令について、債務履行に関するもの以外は何ら効力を認めていない。国家の抱え込んだ借金にたいして、支払いの保証が必要だというなら、当の国家に奉仕した者にたいする報酬としての年金も、また保障されてしかるべきだろう。

ところが国民議会は、人間の権利がどうこうと説く一方で、たくさんの人々から年金受給の権利を奪った。血のにじむような奉仕への見返りに、パンを求めた者たちへの返事は以下の通り。「諸君が仕えたフランスと、現在のフランスは同じではない」。

旧政府が外国と結んだ条約についても、国民議会はそれらをどこまで尊重すべきか、大真面目な議論を繰り広げている。どの条約を批准《ひじゅん》し、どれを無効とするか、委員会が仕分けを行い、議会に報告する段取りになっているそうだ。新生フランスの国家的信用など、対外的にも対内的にもきわめていい加減なものと言えよう。

国に奉仕した者に報酬を与えたり、外国と条約を結んだりする権限の否定された政府について、その債務を履行するためならば、既存の歳入をつぎ込むのはもとより、私有財産の没収も辞さない——こんな理屈がどうやって成り立つのか、納得するのは容易ではあるまい。

フランスのみならず、ヨーロッパのどの王であれ、国民の資産に手をつける特権を有してはいないのだ。まして民主的に選ばれたはずの議会が、悪しき独裁の極致ともいうべき没収措置を支持するのはなぜなのか？

この矛盾を論理的に説明することはできない。国家に金を貸した者たちだけを優遇する姿勢は、どんな原則をあてはめようと正当化できない。

しかし矛盾した振る舞いの背後にも、それなりの理由というものが潜む。そして当の理由を見抜くのは、そう難しいことではないのである。

第六章 フランスに革命は不要だった

金融勢力と知識人の結託

フランスの債務がふくれ上がるにつれて、金融を基盤とする政治勢力が知らず知らずのうちに成立した。彼らは強大な権力を持つに至ったが、同国の古めかしい慣習のせいで、資産の流通、とりわけ土地を売却してカネにしたり、自分のカネを土地に替えたりといったことには困難がつきまとった。

民衆は長らく、金融勢力をうさんくさい目で見ていた。国の財政難とかかわりがあるだけでなく、問題を悪化させているように思われたためである。

土地を基盤とする伝統的な貴族層も、金融勢力が気に入らない点では民衆にひけをとらなかった。財政をめぐる話を別にしても、これら成金たちは派手な暮らしぶりをひけらかし、「家柄や爵位はあるがカネはない」という一部の貴族を圧倒する勢いだったのだ。

他方、成金たちのプライドも高まっていった。彼らの中には平民のままの者もいたし、新たに貴族となった者もいたけれども、「理不尽に低く扱われている」と不満を抱く点では変わらなかった。この不満を解消して、金持ちにふさわしい地位と尊敬を得るためなら、どんなことでもしてやろうという気運が強まった。

国王が貶められたり、教会資産が没収されたりしたのは、金融勢力による貴族への攻撃にほかならない。教会の保有する土地は、ターゲットとして格好のものだった。これらの土地をめぐる権利は、国王を通じて、たいてい貴族出身の聖職者に与えられたからである。

土地を基盤とする貴族層と、新たに出現した金融勢力との抗争は、ときに見過ごされるかもしれないが、激烈に展開されている。戦いを有利に進めているのは金融勢力のほうと言えよう。

カネは土地に比べて使い道が広い。このため金融勢力は冒険好きであり、いかなる計画であれ、とにかくやってみたがる。変化を望むなら、カネを活用するにしくはないのだ。

さらにフランスでは、もう一つ別の勢力が生まれ、金融勢力と結託するに至った。政治意識を持った知識人たちである。知識人は自己顕示欲が強いので、変化を嫌うことはめったにない。

ルイ十四世の最盛期（訳注＝十七世紀後半）、フランス王政は華麗にして、なかなか賢明でもあったのだが、このころは知識人も宮廷で重用され、報酬をもらっていた。しかしそれ以後は、国王であれ摂政《せっしょう》であれ、あまり彼らを顧みなくなった。

従来のスポンサーを失った知識人は、自分たちの組織をつくることで埋め合わせを図った。二つのアカデミー（学士院）の創立や、膨大な『百科全書』（訳注＝一七五一年から二十年以上をかけて刊行された事典。フランス革命に大きな思想的影響を与えた）の編纂《へんさん》は、その代表的な例だろう。

キリスト教へのカルト的攻撃

知識人一派はかなり前から、キリスト教を否定するための大計画とも呼ぶべきものをつくり上げ、これにカルト的な情熱を注ぎ込んだ。まずは「誰であれ合理主義に改宗すべし」という信念に取り憑かれ、やがて「教会はあらゆる方法で攻撃すべし」という信念にも取り憑かれたのだ。

直接的な行動で教会をすぐ倒すのは無理でも、宗教を否定する方向へ世論を導くことはできる。そのためには世論にたいする影響力を掌握しなければならない。自分たちの仲間でなければインテリとして評価されないよう、知識人一派は周到に画策していった。

文壇・論壇の独占を進めるかたわら、彼らのグループに属さぬ者にたいしては、なりふりかまわぬ中傷がなされた。かくも寛容さを欠いた連中が、文筆による攻撃だけで満足するわけはない。いったん権力を手にすれば、他人の財産、自由、いや生命までもつけ狙うのは明白ではないか。

言論にあきたらず、社会のあり方を力ずくで変えたくなった知識人一派は、外国の君主（訳注＝プロシアのフリードリッヒ二世を指す）とも文通するに至った。相手の権勢をおだてることで、自分たちの夢見る改革を実践させようというわけである。

革命さえ起こせれば、手段は問わないのだ。天から雷を落とすかのごとき専制支配であれ、地を揺るがすかのごとき民衆蜂起であれ、知ったことではないのだろう。

外国の君主に接触を試みたのと同じ動機で、知識人一派は金融勢力とも交流を深めた。物書きが一致団結して声をあげれば、世論にかなりの影響がもたらされる。とかく白い目で見られがちだった金融勢力は、知識人のおかげでイメージアップに成功した。

キワモノ好きの例にもれず、物書き連中は貧民や身分の低い者を熱烈に支援するポーズも取った。その一方、宮廷や貴族、あるいは聖職者については、彼らの問題点をさんざん誇張し、憎むべきものとして描き出した。これはデマゴーグのやり口である。かくして知識人一派は、革命成就という目的に向けて、イヤミな成金たちを、世の中への不満をつのらせた貧民と結びつける役割を果たした。

成金と知識人こそ、革命後のさまざまな出来事に関して、主導権を握っている存在と見なせよう。教会所有の土地が執拗《しつよう》に略奪されたのも、法的、ないし政治的な原則に基づいてのことではなく、これら両勢力の思惑の一致に起因すると考えれば説明がつく。旧政府の権威を認めないはずの革命派が、王政のもとでフランスが抱え込んだ債務の履行にだけは大いにこだわるのもわかる話だ。

前例なき野蛮な略奪

国家が持っている資産を、債務の担保にあてるだけでは足りなかったのか？　かりに足りなかったとしよう。ならば誰かが損失をこうむらねばならないものの、それはいったい誰か。常識的に言っても、法律的に言っても、安易にカネを貸した者か、安易に借りた者のどちらかである。当の契約に関係していなかった第三者が巻き込まれるなど、理不尽もはなはだしい。

国の借金を肩代わりしなければならない者、それは国民全体でなければ、借金の責任者たちであろう。にもかかわらず、フランスの歴代財務総監の資産が没収されないのはなぜだ？　無為無策によって国家を窮乏させつつ、自分の財産だけはしっかり築き上げた、大臣、財務官、あるいは銀行家は、どうして無事ですんでいるのか？

歴史に野蛮な征服者は数あれど、打ち負かされた者の資産をここまでメチャクチャに扱った者はまずいない。古代ローマの大立て者たちは、略奪品を「血塗られた槍」のもと、競売にかける習慣をつくりはした（訳注＝当の競売にあたって、地面に槍が突き刺されたことに由来する表現）。だが、かくも大規模に財物を売り飛ばしたことはなかった。

つけ加えるなら古代の暴君たちは、冷静にソロバンをはじいて、かかる競売を行ったわけではない。果てしない流血と略奪の嵐をくぐり抜けてきた彼らは、復讐の念に燃え上がっていたのだ。感情の高ぶりによって行動は荒々しくなり、分別も曇るに至った。

財物を元の所有者に戻したら、向こうが再び勢いづき、復讐されるのではないかと恐れる気持ちもあった。「いつか許し合える」などという期待が吹き飛ぶくらいに激しく争ったあとでは、とことんやるほかなかったのである。

古代ローマ人は、暴君としてはまだヒヨッコにすぎなかった。他人に理由もなく残酷な仕打ちを加えるのも人権のうち、などとは知るよしもない。彼らは、自分たちの不正にも大義名分が必要だと考えた。

かくして資産を奪われた者たちは、「武力行使を含めたさまざまな手口で、国家の転覆を狙った謀反人」と位置づけられた。その犯罪行為ゆえに財産権も無効になったという理屈である。

しかるにいまのフランスでは、人間の知性が進歩したおかげか、こんなタテマエは不要になった。五〇〇万ポンドにも相当する地代を召し上げ、四万から五万にも及ぶ人々を屋敷から追い払った根拠は？

「――それが新政府の意向である」。以上。

イギリスの暴君、ヘンリー八世（訳注＝十六世紀前半の王。修道院の資産を没収した）にしても、「人間の権利」なる概念が、専制支配を行う際にどれほど強力な武器になるかを知らなかった。教会全体を略奪したジャコバン派（訳注＝フランス革命における急進派）と違い、ヘンリー八世は修道院の資産を狙っただけだが、まずは委員会をつくり、聖職者たちの犯罪や腐敗を調査することから始めた。

ご多分にもれず、委員会の報告には、れっきとした事実のみならず、誇張やデッチあげも含まれていた。とはいえ、いかに腐敗が（山のように）あろうと、それだけで没収を正当化することはできない。

そこでヘンリー八世は、修道院の資産が自分に譲渡されるよう正式な手続きを取った。歴史における最大の暴君の一人ですら、ここまで細かく段階を踏んだのである。しかも彼は、そのうえで議会に法律をつくらせ、自分の行動を承認させた。

いまだったら、ヘンリー八世は四つの言葉を口にするだけで目的を達成できただろう。手間が大いに省けるではないか。こんな呪文を唱えるだけで良いのだ！「哲学、啓蒙、自由、人間の権利」。

国家の負債は簡単になくせた

だとしてもフランスは、資産没収でもしなければどうにもならないほど窮乏していたのか？　三部会が開かれた時点（訳注＝つまり革命直前。この三部会が改編されて国民議会になる。以下の議論については、二二一〜二二三ページ、および三三一〜三三二ページの訳注も参照されたい）において、フランスの国家財政は、歳出全体の公正な見直しや、税負担をめぐる身分間のバランスの再検討などの方法では解決できないくらいに悪かったのか？

負担の均等化をはかるだけで良かったのなら、それは簡単に実現できたはずなのだ。ベルサイユに集まった三部会にたいし、ネッケル氏（訳注＝この時期のフランス財務総監ジャック・ネッケルのこと）は予算案を提示しつつ、フランスの財政を詳しく論じている。

彼によれば、フランスの歳出と歳入を均衡させるためには、いかなる新しい課税も必要ではなかった。同国の経常的な歳出は、新しい四億リーブル（訳注＝「リーブル」は当時のフランスにおける通貨単位）の借入金の利子も入れて、五億三一〇〇万リーブルあまり。歳入は四億七五〇〇万リーブルあまりなので、差し引き五六〇〇万リーブル、ないし二二〇万ポンド弱の赤字となる。

ところが経費節減と歳入の向上（これは確実と見なされた）によって、当の赤字は十分以上になくせるというのだ。ネッケル氏は演説で、債務の履行や、いままでに累積した赤字の解消など、財政・金融をめぐる他の政策目標にも触れたが、それらにしたところで、市民全体へのわずかな定率課税だけで達成されたことは疑う余地がない。

ネッケル氏の主張が正しいとすれば、資産没収はなぜなされたのか？　少額の税金を公正に、かつ万遍《まんべん》なく課すだけですんだのに、特定の人々にたいし、不必要で残酷な略奪行為を働く根拠は何なのか？

聖職者や貴族は、身分上の特権をタテにして財政再建への協力を拒んだのか？　そんなことは全然ない。わけても聖職者は、平民の要求を先取りするほどだった。三部会が開かれる前、彼らは自分たちを代表する議員に向けて、「あらゆる免税特権を放棄し、平民と同じ立ち位置を取れ」と、明確に指示していたのである。

とはいえ、かりに国家予算の赤字が五六〇〇万リーブル（または二二〇万ポンド）のまま減らなかったとしよう。ついでに収支の健全化をめぐるネッケル氏の見通しは、根も葉もないデタラメだったとしよう。そして負担をすべて聖職者に押しつける国民議会の方針も間違っていないとしよう。

ここまで譲歩したところで、二二〇万ポンドを調達するために、五〇〇万ポンドの地代を没収することは正当化できないのだ。

新紙幣発行と土地の丸投げ

はじめのうち革命派は、没収資産をすぐ売却するそぶりを見せていたものの、これが狂気の沙汰にすぎないとハッキリするまでに、そう長くはかからなかった。教会から没収した膨大な土地を、やはり没収した国王の領地ともども一気に市場に出したら、土地の価格の急落が生じ、肝心の収益が危うくなる。

ではどうする？　教会の土地と引き替えに債券を出すことが検討された。しかし土地の価値を均一の基準によって決めるのは至難の業だった。

地方自治体からも反発が寄せられた。革命によって手に入れたものを、何もかもパリの投資家連中に渡せというのでは納得するはずもない。すでに自治体の多くは（革命派のひそかな狙い通り）、悲惨きわまりない貧窮に陥っていた。カネが完全になくなっていたのである。

その結果、自治体はまんまと革命派の術中にハメられた。つぶれそうな産業を救うため、どんな種類のものでもいいからカネを供給してくれ、こう訴えたおかげで、自治体にも没収資産の分け前を与えることが決まる。資産をすぐ売却するという当初の計画は（そもそも真面目に検討されていたかどうか疑わしいのだが）、ここに至って完全に実行不能となった。

各方面からの要求に応える形で、革命政府は過去の債務を履行するどころか、新たな債務を利率三パーセントで抱え込んだ。そして教会の土地をいずれは売却することを前提に、新紙幣を発行したのだ（訳注＝この紙幣は「アッシニア」と呼ばれる。ただしアッシニアは本来、所有者がリーブル建ての債権を持つことを記した証書、つまり債券として発行された。そのため、はじめのうちは利子がついたのである。最初の利率は五パーセントだったが、一七九〇年四月に三パーセントまで引き下げられた）。

このような政策を正当化し、革命政府の権威を保つ道は一つ。いかなる手段を使ってでも万人に教会略奪の片棒をかつがせ、国全体を一種の共犯関係でまとめあげるほかない。人々を否応なく自分たちの悪事に巻き込むため、今後はいかなる支払いであれ、新紙幣を用いねばならないことになった。

聖職者にたいするわずかな俸給の支払いも、この紙切れ同然のカネでなされている。受け取らなければ飢えるしかないのだ。新紙幣を強制的に流通させるという方針は、信用、財産権、および自由にたいするとんでもない侵害である。独裁のもとで財政破綻が生じた事例は過去にもあったが、かかる事態は前代未聞ではないだろうか。

そして一連のすったもんだの末、驚異の錬金術が出現する。じつのところ、教会の土地は（革命派の動向がまたコロコロ変わらないとしての話ながら）まったく売却されないのである。

国民議会は最近、没収した土地を競売にかけ、もっとも高い値段をつけた者に譲渡するよう決議した。だが注目すべきことに、その場で支払われねばならないのは代金の一部だけで、残りは向こう十二年間のうちに払えばいいとくる。

土地を買った者は、いわば手付金を出したとたんに所有権を持てるのだ。革命派は、特定の人々に土地をタダ同然で与えようとしているのではなかろうか。封建制度よろしく、新政府への忠誠心にたいする見返りというわけである。

どう見ても今回の決議は、資金を持たない者を地主にすることを目的にしている。土地を買った、いや与えられた連中は、それによって得られる地代を購入代金の支払いにあてるだろう。

のみならず領地内の建物を売るとか、森林を伐採するとか、ありとあらゆる方法で、あわれな農民から搾《しぼ》り取ろうとするに違いない。なんといっても、高利でカネを貸すことに慣れた者たちなのだから。

王政批判は独裁を正当化しない

今回の革命では、サギ、デタラメ、暴力、略奪、放火、殺人、資産没収、新紙幣の強制的な流通など、残酷きわまる独裁が全面的に展開された。善良で冷静な判断力を持った人間なら、当然ショックを受けずにはいられない。

すると革命派は、従来のフランス王政の問題点を声高にあげつらうことでやり返す。すでに打倒された政権を「悪」に仕立て上げたうえで、自分たちのやり方にケチをつける者など、旧政府のイヌに決まっていると言いつのるのである。卑劣で軽蔑すべきインチキ論法だが、そう主張しなければならない理由はわかる。新政府による専制支配か、王政による専制支配か、その二つしか道はないと思わせないことには、誰も革命派の行動や計画を支持するはずがないのだ。おまけに旧政府の横暴ぶりを描き出すにあたっては、歴史的事実のほか、詩人たちの創作、つまりデッチあげも盛り込まれている。

こんなタワゴトは詭弁とさえ呼べない。革命を主導する諸氏は、政治といえば君主の独裁か、はたまた民衆の独裁しか知らないのか？　政府のあり方については、他にもいろいろな理論が存在するし、現に実践されている。

君主制の中にも、法律を基盤とするものがある。国の伝統的な富と名誉を重んじることで、その統治には方向性とバランスが生まれる。伝統を支えるのは、国民全体の理性と感情であり、これは議会が統治のあり方をつねにチェックする形で機能する。

かかる折衷《せっちゅう》型の政府は、性格的にも穏健である。そういった政府のほうが、君主独裁や民衆独裁などの極端なものより望ましいと考える者は、とんでもない悪意の持ち主か、かわいそうなおバカさんのどちらかだと主張するのか？

フランス人は折衷型の政府をつくり上げることも容易にできた。いや、旧政府はこのような形式を持っていたのであり、それを再確認するだけで良かったのだ。にもかかわらず、無数の犯罪を重ね、祖国に底知れぬ災厄《さいやく》をもたらす道を選んだのだから、「あの国には知恵と美徳が完全に欠けている」と評されても仕方あるまい。

そもそも民主主義に徹することが、人間社会における唯一望ましい政治方式だというのは、普遍的に認められた真実なのだろうか？　民主主義に疑念を持つ者は専制支配の支持者であり、人類に仇なす者だというのはほんとうか？

弊害は修正不能だったのか？

フランスの現政権が、政府の形態から言ってどのようなものにあたるのか、私には判然としない。当事者たちは純粋な民主主義だと言い張るものの、有害で下劣な寡頭《かとう》政治（訳注＝少数の者による専制支配）への道をひた走っているように思える。ただし、いままでの革命政府のあり方には、民主主義に徹することの本質や帰結がよく表れている点は認めよう。

政治形態のよしあしは抽象論では決められない。純粋な民主主義が必要とされる状況や、それこそが望ましい状況さえも（きわめて特殊な例外としては）あるだろう。けれどもフランスがそんな状況に置かれているとは思えない。

ヨーロッパにおいて、民主主義に徹した国はずっと存在しなかった。古代ギリシャやローマの人々のほうが、この政治形態を深く理解している。彼らは民主主義政府を、しばしば実際に体験してきたのだ。

古代人の達した結論とは、すなわち「絶対的な民主主義は、絶対的な君主支配と同じくらいタチが悪い」というものであった。古典を少々読みかじった者として、私はこれに賛同せずにはいられない。

民主主義と独裁は、驚くほど多くの共通点を持つ。こう喝破したのはたしかアリストテレスである。民主主義のもとでは深刻な対立が生じやすくなるが、少数派となった人々は、多数派から情け容赦なく弾圧されるだろう。多数派による弾圧が及ぼすダメージは、何にもましてひどいものだ。被害者は人間社会全体から見捨てられたような思いをするに違いない。

百歩譲って、純粋な民主主義といえども独裁に陥る傾向を持ち合わせているわけではないと仮定しよう。また民主主義に徹することには、民主主義を他の政治形態と折衷させることに劣らぬメリットがあるとも仮定しよう。だとしても君主政治には、評価すべき点が皆無なのか？

打倒された権力について、問題点を云々《うんぬん》することはたやすい。革命が起きるや、それまで政権にへつらっていた者たちが、同じ政権への批判を叫び出したりするのだ。だが「政府のよしあし」なる重大なテーマを考えるにあたっては、不用意な揶揄《やゆ》や罵倒を慎むのが、冷静で客観的な態度というものである。

フランスの旧政府は、絶対王政、ないしそれに準じる政治形態の中では、もっとも良かったと評されており、私もこの評価に賛同する。とはいえ、弊害が多々あったのも疑いえないところだ。

しかし問われるべきは「王政に弊害があったかどうか」ではなく、「王政は倒されるに値したか」にほかならない。

旧政府のあり方は、修正するのが不可能か、修正を試みる価値もないくらいに悪かったのか？　すべてをいったんご破算にして、空理空論に基づく新政府をつくる以外、打開の方法はなかったのか？

一七八九年初頭の時点では、誰もそんなことを思ってはいなかった。三部会の議員が地元から持ち寄った要望書には、政府のあり方をめぐる修正案がいろいろ記されていたものの、政府をぶち壊せなどという主張は盛り込まれていなかった。

冷静に物事を見通していれば、まかり間違ってもやるはずのないことを、人は時にやってしまう。ズルズルと状況に押し流されたり、その場の勢いに乗せられたりするためだ。三部会が開かれてから革命が勃発するまでのわずかな間に、物事は大きく変わった。その変化を踏まえて、真に問われるべき点はこれである。

旧政府を破壊せず、修正するだけにとどめたほうが良かったのではないか？

革命で貧窮は深刻化した

革命前の数年間、フランス王政は祖国の繁栄と発展に寄与すべく誠実に努力していた。宮廷政治につきもののブレが見られはするものの、これが基本的な方向性だったことは明白である（訳注＝バークによれば、十八世紀後半のフランスでは人口が着実に増加していたうえ、金貨・銀貨の鋳造量や保有量も豊富だった）。

国家にはびこる不正や腐敗についても、完全になくすか、でなくとも大幅に是正しようという試みがなされてきた。個々の国民にたいする王の支配権とて、なるほど法や自由の精神とは矛盾するものだが、どんどん実質的に緩和されていたのだ。

いっさいの修正を拒否するどころか、旧政府はさまざまな修正案に取り合う姿勢を積極的に見せていた。むしろ「革新」に応じすぎたあげく、めぐりめぐって元も子も失う結果になったと評しえよう。

王政をぶち壊し、新たにつくられた革命政府が、はたして「政府」と呼べるような代物かどうかは疑問である。フランスの繁栄や発展が、これによって促進されるとも信じがたい。いや、観念論の暴走ともいうべき今回の革命から立ち直り、国が元通りになるまでには、おそらく相当な年月がかかるのではあるまいか。

フランスでは人口の流出がかなり進んでいると聞く。心地よい風土の祖国を捨て、自由という魔法のささやきにも背を向けて、凍《い》てついた北国、それもイギリス王政が専制支配を行っているはずのカナダに逃れていったのだ。

金貨や銀貨は、ことごとく姿を消した。現職の財務総監が、かつて同国に八〇〇〇万ポンド以上にもあたる正貨が存在すると述べたのがウソのようである（訳注＝この財務総監は、先に登場したネッケル。彼は一七八五年の時点で、フランス国内の金貨・銀貨の量を八八〇〇万ポンド相当と見積もった）。

パリの人口は大きく減少し、ネッケル氏が国民議会において、同市への食糧供給を二割減らすよう発言する事態となった。首都の失業者に至っては一〇万人に達したとか（これを否定する説は聞いていない）。幽閉された国王一家と、国民議会のお膝元にしてこの始末とくる。

信頼すべき筋からの話では、パリにおける物乞いの多さや悲惨さほど、おぞましくも衝撃的な光景はない。これについては国民議会の動きが裏付けとなろう。彼らは最近、路上困窮者の問題に対処すべく、常任委員会を設置した。物乞いの厳重な取り締まりと、救済のための新税導入が検討されているらしい。当の救済には、すでに膨大な予算が投じられているにもかかわらず、である。

こんななかでも、革命派のクラブやカフェでは、指導者連中がおのれの英知や才覚を飽きずに自賛しつづけている。フランス以外の国など、すべて軽蔑の対象でしかない。人々にボロを着せておきながら、「わが国には高邁な哲学的理想があふれている」と説いてなだめる。

さらにはチンケなパレードを行ったり、見世物や乱痴気《らんちき》騒ぎを利用したりして、貧窮を何とかしてくれという声を封じ、フランスがいかに荒廃した状態にあるかをごまかす。そうかと思えば、反革命派の陰謀や、外国の侵略といったネタでおどかしたりもする。

自由のもと清貧であるほうが、裕福だが堕落した隷属状態よりマシだ――勇気のある人々なら、たしかにそう思うだろう。しかし豊かさを捨て去る前に、自分たちが追い求める自由が本物かどうか、よく確かめねばならない。

貧困に甘んじる以外、自由を手にする方法がないかどうかも確認すべきだ。私の考えるところ、真の自由は英知と正義を伴うだけでなく、繁栄へと導いてくれるはずのものなのである。

第七章　貴族と聖職者を擁護する

フランスの貴族は立派だった

旧政府の悪について、大げさに騒ぎ立てるだけでは気がすまないのか、革命派は国全体の名声を貶めようとしている。一目置かれるに値する人々、つまり貴族や聖職者を、おぞましい怪物のごとく描き出したのだ。

一七八九年、国王の召集によってベルサイユにやってきた者たち（訳注＝三部会の貴族代表を指す）は、はたしてそんなに悪い連中だったのか？　フランスの貴族は、ナイールやマムルーク（訳注＝インドやエジプトの軍人階層。ここでは「残忍な野蛮人」のニュアンスで使われる）、あるいは昔のイタリアにおけるオルシーニやヴィテーリ（訳注＝前者は貴族、後者は傭兵《ようへい》の一族。略奪を頻繁に行ったとされる）さながらだったのか？

こんな疑問を革命前に口にしたら、私は正気を疑われただろう。けれども革命いらい、貴族は亡命せざるをえなくなった。彼らは民衆に追われ、袋叩きにあったり拷問されたりした。

家族は離散し、屋敷は燃え落ちて灰となる。ひいては貴族制度自体が廃止されるべきものとされ、そういう身分が存在したことまで消し去るべく、従来の称号を用いることすら禁じられた。

これらの仕打ちは正当なものか？　三部会の代表にたいし、貴族たちが出した指示を読むがいい。自由を尊び、政府のあり方を修正しようとする点で、彼らは聖職者や平民と何ら変わらなかった。免税特権は自発的に放棄され、国王は国王で、課税の権利を放棄した。

国体を自由主義的なものにすることに関しては、フランス全体に意見の一致が見られた。絶対王政の時代は終わった。うめき声もたてず、抵抗したり身悶《みもだ》えしたりすることもなく、静かに息を引き取ったのである。

しかるにフランスは、権力を分散させた折衷型の政府ではなく、独裁的な民主主義の道を選んだ。これこそ、その後に生じたあらゆる抗争や内紛の元凶にほかならない。革命派はイギリスのあり方に学ぼうとしなかったのだ。

私はフランスの事情にさほど精通してはいない。だがこれまでの生涯において、人間性というものを理解しようと努めてきた。でなければ、いささかでも他人の役に立つことなどできはしない。

個人的な体験から言っても、さまざまな人々に聞いて回った結果から言っても、フランス貴族の大部分は高貴な精神の持ち主であり、名誉をたいそう重んじるように思われる。自分自身の名誉はもとより、貴族全体の名誉まで気を配る点にかけては、ヨーロッパ諸国の中でも際立っていると評しえよう。

彼らは育ちが良く、親切なうえに人情味があり、もてなしも丁寧だった。話しぶりは率直で開放的。武術と学芸のどちらにも通じており、とくに自国の古典には詳しかった。さらにすぐれた資質を有する者も少なくない。

身分の低い者に接する際にも、貴族たちは温和な態度を取った。わが国において、高貴な者があそこまで親しげに振る舞うことは珍しい。相手がいかに卑しくても、貴族が暴力を加えた話は聞いたことがないし、恥ずべき行いと見なされただろう。

他の虐待の事例にしても稀《まれ》なものにすぎない。また貴族に財産を奪われたとか、身柄を拘束されたといった告発が、平民の側からなされたこともないのだ。

名誉や美徳を嫌う革命派

地主としての貴族の行動にも、非難すべき点は見出せない。ただし封建的な土地所有のあり方に、改善の余地が多々あったことも事実である。

だとしてもフランスの貴族が、農民との関係において、わがイギリスの地主階層より悪辣《あくらつ》だったとは信じがたい。あるいはフランスの地主の中で、貴族の称号を持つ者が、そうでない者と比べて横暴だったとも言えまい。

私はこれらの点を踏まえて、たとえ民衆が抑圧に苦しんでいたとしても、貴族にさしたる罪はなかったと主張する。しかしフランス貴族のあり方に、いろいろな欠点や過ちがあったことは認めよう。彼らはまずいことに、イギリス貴族のもっとも悪い点を真似してしまった。その結果、もともと有していた長所が損なわれたうえ、真に学ぶべき点は見過ごされることになり、質の低下は避けがたくなった。

わが国と比べても、フランスの貴族には、いい年をして自堕落な振る舞いをする者が多かった。放蕩《ほうとう》ぶりがすぎたせいで、彼らは自分の首を絞めるに至った。いっそう致命的だったのは、貴族に匹敵するか、貴族をもしのぐ財産の持ち主が平民に現れたにもかかわらず、それらの者を正当に遇しようとしなかったことである。

すでに指摘した通り（訳注＝第六章の金融勢力をめぐる記述を参照のこと）、このような富裕層の分裂こそ、革命で貴族が弾圧された主な原因と思われる。わけても軍の上層部は、名門貴族によってあまりに独占されてきた。けれどもこれは、たんに方針を間違えたのであり、異なる方針を導入すれば簡単に修正できる。議会を定期的に開き、平民に相応の発言権を与えるだけで、不当な特権はすみやかに廃止されたことだろう。

貴族にたいする弾劾を、私は純然たる言いがかりと見なす。法律や社会通念、あるいは慣習によって、一部の人々が尊重されたり、特権を与えられたりする――

わがイギリスにおいて、これはれっきとした伝統である。そして伝統とは、時代を超えた固定観念によって育まれるものなのだ。このことに恐怖や憤激をおぼえる者は誰もいない。

いったい、何がそんなに気に障《さわ》るのか？　貴族の存在は社会秩序を優雅に飾り立てる。自由を愛する善良な精神の持ち主であれば、貴族にたいして好感や敬意を持つのが普通であろう。

「立派な人間は尊重されるべし」という通念に形を与え、うつろいやすい名誉を永続的なものとするのが貴族制度の意義である。それをことごとく廃止したがる者は、立派な人間がそもそも嫌いなのではなかろうか。ひねくれて意地が悪く、ついでに嫉妬《しっと》深い者ということだ。

このような者は、美徳などキレイゴトにすぎないと見なしており、したがって美徳が称賛されるのも嫌う。でなければ、栄光と名誉の中で生きてきた者が理不尽に引きずり下ろされる光景を見て喜ぶはずがない。

私の知りうるかぎり、フランス貴族はどうにも直しようのない悪徳など抱えてはいなかった。これは予想通りの結論で、満足のゆくものである。彼らの欠点や過ちにしても、ちょっとした修正で解消しえたものにほかならず、貴族制度自体を廃止する必要はまったくなかった。いわば革命派は、無実の罪にたいして手ひどい罰を与えたのだ。

聖職者への迫害も不当である

同様にフランスの聖職者のあり方も調べたが、喜ぶべきことに、結果は貴族の場合と変わらなかった。ある身分の人々が、そろって救いがたいまでに腐敗しているというのは、聞いていて気持ちの良い話ではない。

おまけに革命派は教会を略奪しようとしているのだから、聖職者の悪について声高に言い立てようと、そうそう信用はできない。「悪人」を罰することに利益が伴うとなれば、告発にもデッチあげや誇張が入り込んでいるのではないかと疑ってかかるべきだろう。自分の敵について、公平な証言をする者はいない。そして盗みを働くときは、誰もが義賊のふりをしたがる。

聖職者の間に悪徳や弊害がなかったと主張するつもりはない。それはあって当然と言える。フランスの教会は古く、制度の見直しもあまり行われてこなかった。しかし資産の没収をはじめ、残酷きわまる侮辱や虐待、果ては異様なまでの迫害といった仕打ちを正当化するほどの犯罪行為となると、私には見出せない。多少の規制を加えるだけで、物事は十分改善されたはずなのである。

宗教にたいする今回の迫害に、もし正当な根拠が存在するとしたら、無神論の毒舌家たちが黙っているわけはない。略奪行為へと民衆を煽動《せんどう》するためにも、現役の聖職者がいかに悪いか、えんえん熱弁を振るったことだろう。

だが、そういう非難の声は聞こえてこない。かわりに毒舌家たちは、過去の歴史において教会が行った抑圧や迫害の事例について（悪意のこもった丹念さで）こまごまと調べ上げる必要に迫られた。そして自分たちが行っている残酷な仕打ちは、それらの罪にたいする正当な報復なのだと主張する。

この言い分はまったく非論理的で、不当なものにすぎない。先祖が悪事を働いたことを根拠に、誰かを罰するのは正義にかなったことではなかろう。まして同じ理屈を組織にあてはめ、何の罪も犯していない者を、教会に属しているだけで罰するときては、「文明の進歩とは、冤罪《えんざい》が洗練されてゆくことか」と言いたくなる。

現役の聖職者にしたところで、その大半、いや大多数は、過去の教会による抑圧や迫害をおぞましいと思っているだろう。にもかかわらず、国民議会は彼らを「処罰されるべき存在」と位置づけるのだ。

同じ理屈を国家関係に当てはめてみよう。イギリスとフランスは、過去に何度か戦ったことがある。当時、こちらが相当な被害をこうむったからといって、いまさらフランス人にたいし、容赦ない戦争をしかけようとするのは正当か？

ならばフランス人はフランス人で、かつてわが国を統治したヘンリー王やエドワード王から不当な侵略を受け、さんざんな目に遭ったことへのお返しに、イギリス人と見れば攻撃しても構わないことになる。これでは両国の人間が全滅するまで、戦争が続くだけではないか。

われわれは歴史から正しい教訓を学ぶとはかぎらない。気をつけていないと、人々の目を曇らせ、争いを引き起こすために歴史が利用されることもある。
歴史とは大部分において、人間に潜む危険な欲求が、世の中にもたらしてきた災厄の記録にほかならない。具体的に列挙するなら、傲慢、野望、強欲、復讐心、執着、反乱、偽善、タガの外れた熱狂などだが、かかる悪徳こそが真に問題なのだ。

宗教、道徳、法律、王権、特権、自由、あるいは人間の権利といったものは、いずれも悪徳をはびこらせる口実となりうる。というのも、これらはそろって正義や善に通じているからだ。つまり正義や善を根絶やしにしてしまえば、災厄をもたらす口実も存在しえないものの、それで自由で平和な世の中が実現されることになるだろうか？

王、大臣、聖職者、法律家、将軍、議会——このいっさいを廃止せよと決議したところで解決にはならない。どんな名称で呼ばれようと、社会から権力が消滅することはなく、権力を濫用しうる立場の者も存在しつづける。

世の中をほんとうに良くしたいのなら、人間の悪徳をどう抑え込むかを考えるべきではないか。かつて権力を濫用した組織を叩いて満足するなど、見当はずれもはなはだしい。

悪徳の担い手や、彼らが用いる口実は、時代とともに変わってゆく。ファッションと同じこと、あれこれ議論している間にも、従来のスタイルは流行遅れとなる。そして悪徳は、新たな勢力に支えられて再び台頭するのである。

キリスト教廃止の下準備

ルイ十五世の統治の末期（訳注＝一七七三年のこととされる）、フランスを訪れる機会を得た私は、聖職者のあり方に少なからぬ関心を寄せた。同国で教会への批判や不満が高まっているという内容の出版物を目にしたからだが、そのような実例は（まだ多数派となるに至っていなかった例の知識人一派を別とすれば）ほとんど見あたらなかった。

私はさらにいろいろ調べた。するとフランスの聖職者は、全体に穏和な精神を持っており、振る舞いにも品位があるとわかった。高位聖職者のうち何人かとは個人的に知り合ったし、他の人々についても詳しく知ることができた。

彼らはほぼ全員が貴族の生まれだった。フランスの貴族が立派だったのはすでに述べた通りながら、同じことは貴族出身の聖職者についてもあてはまる。否、これらの聖職者は貴族と比べてもひときわ立派であった。

教会の人間には独特の特徴が備わるものの、それ以上に印象的だったのは、彼らの自由で率直な姿勢である。紳士の心を持ち、名誉を重んじるため、その言動は不遜でもなければ卑屈でもない。パリの聖職者には、教養ある謙虚な人々が相当数含まれていたし、これはパリにかぎられた話ではないと信ずる。

革命前のフランスには、約一二〇名の司教がいた。うち何名かは、際立った尊厳と限りない慈愛の持ち主だった。もとより、かくも英雄的な美徳は稀なものと決まっている。だが完璧な聖人君子の司教がなかなかいないのと同じように、どうにもならないほど堕落した司教も例外的な存在ではなかったのか。

告発好きな連中がその気になってツッコミを入れれば、高位聖職者の中にも、強欲な者や放蕩にふける者が見つかるのは疑問の余地がない。そんなことに驚くのは若造だけである。いかなる宗派の教会であれ、全員が非の打ちどころなく禁欲的な生活を送り、富や快楽の誘惑を退けるなどということはありえない。

聖職者はそろって高潔であってほしい、これは万人の願いだ。けれども彼らが一人残らず高潔であることを実際に期待するのは観念的すぎる。しかも「聖職者は高潔であらねばならぬ」と厳しく要求する者にかぎって、自分の利害にはひどく敏感だったり、欲望をむきだしにしていたりするのである。

ルイ十六世は先王と比べ、司教を選ぶにあたり人柄をしばしば重視したと聞く。この話は（彼の統治全体に改革志向が見られたことに照らして）たぶん真実であろう。それにひきかえ、現在の革命政府は、とにかく教会を略奪したいという姿勢しか見せていない。高位聖職者は善良な者まですべて処罰されたが、これはある意味、悪徳聖職者の肩を持つ行為と言える。

国民議会は今後、聖職者を公選制にすることまで検討している。これが実現したら最後、まともな人材は教会にいなくなるだろう。司教となるうえでの資格は何ら制限されていない。どんな教義を信奉していようと構わないし、モラルも問われないのだ。

言い換えれば公選制は、キリスト教を全面的に廃止するための下準備としか思えない。国家にとって宗教などないほうが望ましい、革命派の知識人は公然とそう述べる。宗教にメリットが何もなかったわけではないが、この点は彼らの考案した新計画によって十分埋め合わせられるらしい。

当の計画のもと、人々は一種の教育を受ける。まずは人間の物理的欲求について学び、続いて自分の利益を合理的に追求するよう仕込まれる。そうすれば合理性のもと、個人の利益と社会全体の利益は一致するようになるというのだ。何についても新しい専門用語をつくり上げないと気がすまない革命派は、最近これにも名前をつけた。すなわち「公民教育」である。

正しい寛容の精神を知れ

聖職者の財産を盗み取った連中は、プロテスタントの諸国から文句をつけられはしないだろうと思っている。略奪されたうえに貶められ、嘲笑《ちょうしょう》や罵倒にさらされたのは、ローマ・カトリック教会の聖職者だからというわけだ。革命派も表向きはカトリック信徒のはずなのだが。

視野の狭いあわれなヤカラは、わが国をはじめとして、どこにでも多少はいるに違いない。異なる宗派を憎むばかりで、信仰の本質的な重要性を忘れた者。これらの手合いにとっては、宗教そのものを否定することより、教義や制度が違うことのほうが許せないとくる。キリスト教に希望を見出す点では、カトリックもプロテスタントも変わらないにもかかわらず、である。とはいえ大多数のイギリス人はここまで偏屈ではない。

フランスの新たな宗教政策は、革命派によれば寛容の精神に満ちているらしい(訳注＝一七八九年十二月二十四日、国民議会はユダヤ教徒やプロテスタントの権利も全面的に認めた)。だがあらゆる宗教をくだらないと見なしているとき、ほんとうの意味で信仰の自由が保障されたと言えるだろうか。

これは「誰にでも親切に接する」のでなく、「誰であろうと等しく無視する」振る舞いである。相手のことをどうでもいいと思っているがゆえに、うわべは寛大な態度を取るというのでは、ほんとうの博愛とは呼べない。

イギリスには、正しい寛容の精神に基づいて信仰の自由を尊重する者が大勢いる。彼らはどんな宗教も、程度の差こそあれ有意義だと考える。価値の高いものが多数存在していれば、その中からどれかを選び取るのは正当なことであり、ここに特定の教義を信奉する根拠が生まれる。

おのれの信仰を愛することと、寛容の精神を持つことは、こう考えれば矛盾しない。彼らが寛大なのは、宗教を軽く見ているせいではなく、公正たらんと努めるためなのだ。イギリス人は敬意と親愛の情をもって、すべての宗教を擁護する。いかなる宗教の根底にも、教義の相違を超えた共通の原則が潜むし、めざす理想にも変わりはない。これらの原則や理想にたいし、愛情や畏敬の念を抱けばこそ、イギリス人は寛容を重んじる。

無神論という共通の脅威を前にして、信仰を持つ者は大同団結しなければならない――彼らは日々そう悟るに至っている。カトリックへの対抗意識に駆られるあまり、「敵の敵は味方」などと勘違いすることはなかろう。

フランスの革命派が行っているのは、カトリックの迫害という形を取った宗教全体の否定にほかならない。つまりプロテスタントも、本質的には迫害の対象に含まれるのである。

所有権の否定は社会正義の否定

わが国のすぐ隣で、社会の正義そのものをくつがえす政策が遂行されている。人間にとって正義がいかに重要かを思えば、これは由々《ゆゆ》しいことだ。

フランス国民議会の手にかかると、所有権は無意味となり、法律や慣習にも価値はなくなる。同議会は、長年にわたって存続した権利は保障されるべしという原則を公然と否定した。こんなことが通用するようになった日には、あらゆる資産が没収の危険にさらされる。財政的に窮乏した政府は、まとまった資産と見れば何でもかんでも奪い取りたい誘惑をおぼえるだろう。

最初にえじきとなったのは司教や聖堂参事会、あるいは修道院だが、それで終わりとはならなかった。フランス古来の慣習によって広大な土地を持っていた名門貴族も（まともな議論すらなされないまま）資産を奪われている。安定した独自の財源を召し上げる代わりに、横暴きわまる議会がお情けで与えたのは、ちゃんと支給されるかどうかもわからない年金のみ。

必要とあらば、国民議会は当の年金を受給する権利まで取り消すだろう。法による所有権さえ尊重しない連中ではないか。汚い手を使って革命に勝利したあげく、彼らは厚かましく増長した。

いかがわしい利益を求めて狂奔する革命派は、同時に多数の貧民を生み出した。当然、どうにかしてくれという圧力もかかってくる。物事が思い通りにならないことを焦りながらも、革命派はおのれのあり方を反省しようとせず、国中の資産という資産の略奪を始めるに至った。

われわれイギリス人も、議会の権威については高く評価している。だとしても私有財産を奪い取るとか、長年の権利をないがしろにするとか、国際的に承認された金貨や銀貨ではなく、自分たちが勝手にデッチ上げた紙幣を使うよう強要するとか（訳注＝第六章のアッシニア紙幣をめぐる記述を参照のこと）、そんな振る舞いが許されるとは夢にも思わなかった。

加減というものを少しも知らず、行きすぎに行きすぎを重ねた果て、革命派は前代未聞の独裁政治をつくり上げたのだ。彼らの「没収の論理」とは、どうやら次のようなものらしい。

――たしかに法廷で争えば、没収は不当ということになるだろう。けれども国民議会は当の法律をつくる権限を持っているのだから、古来の権利に縛られるいわれはない。

自由な国民の代表が集まって法律を制定するはずの議会は、かくして私有財産の保障ではなく、その破壊に手を染める。のみならず、所有権を安定させるための規則や原則も、いっさいがっさい破壊された。財産を取引する手段たる貨幣まででなくなってしまったのである。

私が恐れているのは、フランスの例を手本として、わが国でも教会資産の没収が行われることではない。それはそれでとんでもない話だが、ほんとうに気がかりなのは、国家財政が逼迫《ひっぱく》したら適当な対象を見つけて没収を行えばいいとする主張が、イギリスでも台頭しないかということだ。これは国民の一部が、別の一部を公然と食い物にしても構わないと説くに等しい。

いまやどこの国も、際限なき財政赤字の海原《うなばら》にズブズブと沈み込んでいる。政府が負債を抱えることは、当初プラスの側面も持っていた。多くの人々が、国の秩序を不用意に乱してはいけないと考えるようになるためである。しかし大きくなりすぎた負債は、政府を転覆させる要因となる恐れが強い。

債務履行のために重税を課せば、政府は国民の非難を浴びてつぶれてしまう。かといって履行しなければ、今度はあらゆる政治勢力の中でもっとも危険な連中を敵に回すことになる。自分たちの投資が不良債権化したことに反発しつつ、手持ちの資金をなお十分に有している広範な金融勢力だ。

この勢力は、まず政府が債務を忠実に履行することを期待する。それが無理なら、今度は権力を使ってカネをかき集めてくるよう求める。しかるに現在の政府が疲弊のあげく弱体化し、ネジがすっかり緩んでしまった結果、金融勢力の目的を満たす力を持ち合わせていないとすれば？　もっと活力のある政府が必要だということになろう。

そして政府の活力は、財政の健全化によっても得られるが、なりふりかまわぬ没収によっても得られる。革命は没収を行う絶好の機会であり、いかなる卑劣な名目のもと、さらなる略奪が行われるか知れたものではない。

（訳注＝この議論は、金や銀といった貴金属による貨幣こそが真の貨幣であり、ゆえに貨幣はそれ自体が価値を持った商品なのだと見なす「商品貨幣論」の考え方を踏まえている。貴金属の量は有限なので、その場合、政府が発行できる貨幣の量にも限界が生じる。だからこそ政府の債務がふくらんだら最後、国民の財産を没収してでもカネをかき集めねばならないという話になるのだ。

しかし貨幣を貸し借りの記録にすぎないと見なす「信用貨幣論」において、上記の結論は成立しない。こちらの場合、貨幣の価値は素材となる貴金属に由来するのではなく、貨幣を発行する政府への信用に由来する。信用は数量的に計れるものではない以上、少なくとも理論的には、発行できる貨幣の量にも限界がなくなるのである。

信用貨幣論を基礎とする「現代貨幣理論」のもとでは、負債を自国通貨建てで抱え込み、かつ為替に変動相場制を採用するかぎり、政府が債務返済不能に陥ることはありえない。ただしバークの時代、そのような貨幣観は存在しなかったので、彼が商品貨幣論の立場を取るのは当然であった。本書で展開される経済政策論、とくに財政論には、上記の理論的制約があることを理解されたい。

信用貨幣論において、貨幣は本質的に貸し借りの記録であり、さまざまな用途に繰り返し使える「特殊な種類の借用書」と定義される。しかるに一八八ページの訳注で述べた通り、アッシニアはもともと、所有者がリーブル建ての債権を持つことを記した証書にすぎなかった。用途にしても、革命政府が没収した資産、わけても教会の土地の売却をめぐる決済に限られるはずだったのである。それがさまざまな用途に使われ出し、正式な通貨として流通するに至ったのだが、この経緯が信用貨幣論における貨幣の成立過程と見事に重なるのは注目に値しよう）

正義なきところに英知なし

「フランスのことなど放っておけ」という態度を取るかぎり、かの国で目下起きている事態が各国に飛び火することは確実と思われる。被害をこうむる者は膨大な数にのぼるだろう。個人のみならず、さまざまな社会集団や階層が没収のターゲットにされるに違いない。自分の資産を守ろうとしない姿勢は無能の証拠と見なされ、そんな連中の所有権を尊重することはないという話になるのだ。

ヨーロッパの多くの地域で政情不安が顕在化しており、他の地域でも穏やかならぬ地鳴りが響く。われわれの足元は、大地震が起きる前触れのごとく揺らぎ出した。いくつかの国では、きわめて過激な政治組織が結成され、相互に連携するに至っている。くだんの状況のもとでは、厳重な警戒態勢を取らねばならない。

これにたいしては、フランスで資産没収が行われようと、他国の人々が警戒するには及ばないという反論が出てこよう。いわく、今回の没収措置は理不尽な強欲に基づくものではなく、国家規模における偉大な英知の表れであり、社会全体に長らく根付いた迷信の害悪を取り除くことを目的にしているのだとか。

けれども私には、正義をないがしろにする英知などというものが存在するとは信じられない。正義とは、それ自体が社会を支える偉大な英知である。いかなる状況下であれ、正義をくつがえすような政策は、英知とは無縁だと疑われてもやむをえまい。

貴族や聖職者であることは、従来の法律では望ましいこととされていた。まっとうな職業についているすべての人々と同様、彼らも法によって保護されていた。だが議会が突如として新たな法律を定めた結果、いまやどちらの身分にも非難と侮辱が加えられている。

この仕打ちが正義に反するものでなくて何であろうか？　革命政府は、貴族や聖職者から地位も称号も奪い取った。彼らの暮らしぶりは、かつてなら幸福と名誉の基準であったにもかかわらず、いまや恥ずべき悪徳というレッテルが貼られる始末。

あまつさえ住み慣れた屋敷から追放したり、資産をことごとく没収したりするとあっては、最悪の独裁者もたじろぐ横暴と言わねばならない。人々の感情、良心、慣習、果ては財物について、かくも一方的に踏みにじる行為を正当化する根拠があるとすれば、ぜひ教えてほしいものである。

革命政府の振る舞いが明らかに正義に反するとすれば、そこにいかなる英知があるのかを、同じくらい重要な点として明白にしてもらいたい。これらの政策によって、フランスはどんなメリットを得るのかということだ。

何が社会全体のためになるかを冷静に考えようとする者にとって、「貴族や聖職者の悪は矯正不能であり、もはや身分そのものを廃止するしかない」という主張はどうにも困ったものである。貴族制であれ教会であれ、当初はメリットを有していたからこそ確立されたのだ。

おまけにどちらも社会に深く根付いており、長年にわたる慣習の力によって、より大きな社会的メリットの一部と化している。いまさら廃止するなら、こちらのメリットもひどく損なわれることになろう。

しかし「悪徳を放置するか、制度の全面的廃止か」の二者択一を強要するのは、愚劣な詭弁にすぎない。たいがいの政治的な問題と同じく、ここにも中道の解決策が存在する。「君はスパルタを征服したのだから、今度はスパルタを引き立ててやるがよい」(訳注＝古代ローマの政治家・哲学者キケロの言葉)——私に言わせれば、これこそ真に賢明な発想ではないか。社会を良くしようと誠実に努めるのなら、この原則を逸脱してはならない。

祖国が白紙状態にあるかのごとく見なし、何でも好きに書き込んでいいなどと構えるのは、想像を絶する傲慢のきわみだ。理想主義的な空想家なら、「社会を根本から変えることができればいいのに」と思うこともあるだろう。しかし良き愛国者、そして真の政治家なら、既存のシステムをいかに活用してゆくかをいつも念頭に置く。

物事をなるべく変えないまま、そのあり方を改善する。これができるかどうかこそ、政治家のよしあしをめぐる評価の基準と言えよう。現状をひたすら維持するのも、抜本的改革へと猪突猛進するのも、低俗な発想にすぎず、ロクな結果をもたらさないのである。

第八章 改革はゆっくりやるほうが良い

修道院を活用できぬ知恵のなさ

時として政治家は、国を良くするために思い切った行動を取るよう求められる。だが王や国民にいくら信頼され、すべてを任されていても、徒手空拳では成果はあがらない。偉大な計画を達成するには、道具となる権力機構が必要なのだ。ちょうど職人が、道具としてテコを必要とするようなものである。

職人同様、政治家も良い道具を見つけたら、積極的に使いこなさねばならない。そして私が考えるに、修道院こそは政治的な善行をなすための格好の道具であった。修道院の収入は、大部分が公共の福祉のために使われることを前提にしている。また修道士は俗世間から距離を置き、世のため人のために尽くす者たちではないか。

こんな組織は、おいそれとつくれるものではない。最高の英知も、無から有をつくり出すことはできない。そういうことができるのは自然だけである。たまたま手に入れた道具を賢く活用するのが、英知の英知たるゆえんなのだ。

長年にわたり存続してきた組織や、当の組織が保有する資産は、遠大なビジョンを持って政治にかかわる人間にとり、とくに有益な道具と言えよう。かかるビジョンに基づく計画は、実現に時間がかかるかわり、いったん実現されれば社会の安定した基盤となる。

フランス革命政府は軽率にも、修道院の資産、モラル、および慣習を台なしにした。修道院には、祖国のため大きく役立つポテンシャルがあったにもかかわらず、である。これだけの組織について、自由に統率できる立場にありながら、さっぱり使いこなせなかった連中に、偉大な政治家と呼ばれる資格はない。

修道士を年金生活者にしてしまうだけが人材を活用する方法だったのか？　資産の使い道にしても、愚かな投げ売りしか思いつかなかったのか？　そこまで知恵がないとすれば、あとは必然の帰結にすぎない。手に入れた道具を使いこなす頭のなかったフランスの政治家は、道具を売り飛ばすことで食いつなぐ道を選んだのだ。

修道院のような組織は、迷信の温床となる傾向を本質的に持つし、それを人々の間に広めてもいるだろう。この点について否定するつもりはない。だとしても政治家たるもの、迷信にもプラスに活用できる要素がないか探るべきである。

弱い心の持ち主にとって、迷信は宗教の代用品と言える。これらの人々が、程度の差こそあれ、何らかの迷信を抱くことは容認されねばならない。もっとも強靱《きょうじん》な精神さえ、信仰という形でよりどころを必要とするのだ。精神的な弱者から、よりどころを奪って良いはずはない。

真に賢い者は、迷信が愚かであろうと必ずしも目くじらを立てない。文句をつけずにいられなくなるのは、別種の迷信に取り憑かれた者と決まっている。かくして、愚かさと愚かさが仁義なき戦いを繰り広げ、無節操な大衆をたまたま味方につけたからといって、相手側を容赦なく叩きのめす顛末となる。

思慮深い人間なら、こんな暗闘には中立を保つ。迷信は本来、積極的に肯定するのも、断固として否定するのもふさわしくない。加えて熱狂的な迷信となると、間違いや行きすぎがつきものである。

とはいえ、その中でも許容できるものと、どうにも許せないものを選ぶとすれば、こうなるのではあるまいか――建設的な内容の迷信のほうが、破壊的な迷信よりも我慢できる。国を盛り立てる迷信のほうが、国を歪める迷信より望ましい。間違った理由からであっても、人を善行に導く迷信のほうが、悪行を奨励するものより有益だ。修道院に長年はびこってきた迷信と、最近の知識人が「合理主義」やら「啓蒙」の名のもと流行させている迷信の間で、どちらを選ぶかという問題については、ほぼこんなところでカタがつくと思う。

国民議会は正当性を欠いている

この手紙はたいへん長くなったが、フランス革命の是非という論点の巨大さに比べれば、まだ短すぎるくらいである。私の考察は、さまざまな職務によってときおり妨げられてきた(訳注＝バークは政治家として議会に出席するため、原著の執筆を一時中断したとされる)。そのおかげでフランス国民議会の動向をあらためて観察するゆとりが生まれ、自分の見解を変えたり、修正したりすべきかどうか検証することもできた。

今回の革命はとんでもないものだという確信は、結果的にいっそう強められた。現在のフランス政府の振る舞いについて、私はあれこれチェックし、遠慮なく批判してきたものの、これは以下の理由による。

革命を主導する連中は、時代を超えて人々の間に根付いた良識を軽んじ、新しい観念論に基づく社会制度を一からつくり上げようとしている。けれども伝統的な良識の価値を重んじる立場からすれば、ほかならぬ革命派や、彼らがつくりたがっている社会制度のほうこそ、よしあしをシビアに評価されるべきなのだ。

評価を下すにあたり、われわれは革命派の主張にじっくり耳を貸すが、彼らの権威を自明のものと見なしたりはしない。歴史が育んださまざまな固定観念には、人間を望ましい方向に導く作用があるにしろ（訳注＝固定観念の効用については第五章の議論を参照のこと）、革命派はそれらすべてに背を向けた。

伝統を踏まえたバランス感覚にしても、公然と否定される始末。ならば当のバランス感覚を頼りにするわけにはゆくまい。この革命では、普通なら政治を行う際の指針となるものが何もかも捨て去られている。

私に言わせればフランス国民議会など、たまたま国家の権力を握った者たちの寄り合い所帯以外の何物でもない。彼らは当初、三部会として召集されたわけだが、そのときの正当性や権威はすっかりなくなっている。新たな議会は三部会とはおよそ異なる性格を帯びるに至り、これに伴ってあらゆる事柄が、変更されたりひっくり返されたりした。

国民議会の権限は、フランスのいかなる法をも基盤とするものではない。また代表として選出される際、議員たちは有権者の指示をいろいろ受けたものの、それらもうっちゃられる始末。慣習や法律を後ろ盾に持たない以上、有権者の指示に従っていることだけが、国民議会の正当性のよりどころではなかったのか？

さらに重要な議決には、僅差で成立したものが多々見られる。「議会の総意」を謳いつつ、実際には賛否がほとんど二分されているのだ。とすれば議決の内容のみならず、意見が割れた理由も考慮するのが客観的な態度だろう。

独裁者を追放した直後なので、とにかく何らかの新政府をつくり上げねばならなかった――そういうことならまだわかる。この場合、いかに暴力的な形で樹立されようと、時の経過とともに温和で合法的な統治がなされる可能性が高い。良い政府とはつねに「その時々の状況下において、文明的な秩序を維持するため、もっとも役立つもの」と規定しうる。くだんの条件が満たされていれば、揺りかごで産声《うぶごえ》をあげている段階でも、正当性は十分認められるべきだ。

だが法的な根拠もなければ必然性もなく、権力を手にした者の都合だけで生まれた政府となると、容易に祝福することはできない。それは悪徳や陰謀を基盤とした代物であり、社会のまとまりを乱すか、下手をすれば完全に破壊してしまう。

国民議会は、成立して一年そこそこの代物である。しかも彼らは、自分たちが革命を引き起こしたと認めている。革命をやらかした者は、おのれの行為について、何よりもまず釈明をしなければならない。国家の伝統的な状態をくつがえすなど、よほどの理由がないかぎり正当化しえないことなのだ。

革命政府は、革命によって成立した点だけで、安定して続いてきた政府に比べてマイナスなのである。したがって、そのよしあしを評価する際にも、いかなる形で権力を手にしたか、および当の権力をどのように行使しているか、ひときわ厳しく検証するのが筋と言える。

空理空論と現実逃避

おのれの権力基盤を固めるときと、当の権力を使って政策を実践するときとでは、国民議会の姿勢は一八〇度異なる。彼らの正体を理解するうえでは、ここに注目しなければならない。

権力の掌握や維持に関するかぎり、議会は昔ながらの手段をもっぱら活用している。そのやり口たるや、これまで権力を奪取してきた者たちと何も変わらない。策略のめぐらし方、ウソのつき方、暴力の振るい方、いずれも新味に欠ける。手本を厳密になぞること、法廷で過去の判例を引き合いに出す弁護人のごとし。独裁や王位乗っ取りの際に決まって用いられる手順をきっちり守っているではないか。

にもかかわらず、国家のために政治を行う段になると方針がガラッと変わる。

うまくいくかどうかもわからぬ計画にすべてをゆだね、あやふやな空理空論に基づいて公共の利益を追求するありさま。自分自身の利益にかかわる事柄なら、こんなことは絶対にしないだろう。

この相違はどこから生じるのか？　権力を掌握したり、維持したりすることについては、国民議会も真剣なのである。だからこそ石橋を叩いて渡る。

公共の利益となると、ほんとうはどうでもいいため、平気でバクチ同然の行動に出る。バクチ同然と呼ぶのは、革命派の計画が机上のものにすぎず、ちゃんと効力を発揮する保証がないからだ。

自分は間違っているかもしれないという不安を抱えつつ、世のため人のためにおずおず努力する者にたいしては、かりに過ちを犯すことがあろうと、われわれは同情を寄せるし、一種の尊敬の念も抱く。医学を向上させるべく、愛児を恐るおそる実験台にする人物のことを思い浮かべてほしい。

けれどもフランス国民議会の諸氏は、そのような不安とはおよそ無縁とくる。堂々と大風呂敷を広げ、物事は必ずうまくいくと確信することにかけて、彼らはいかなるペテン師をもしのぐ。態度があまりに傲慢なので、「何を根拠にそんなことを」とツッコミを入れずにはいられない。

国民議会の大物議員に、かなりの力量を持った者が含まれているのは認めよう。演説や文筆に長けた者も多いが、これは生来の才能を磨き上げた結果と言える。だが雄弁の才が、つねに英知と結びつくわけではない。

才能について語る際には、「何について優れているか」を押さえることが不可欠だ。自分たちの支配体制を築き上げることについて、革命派の行動にはまさに非凡なものがあった。

しかるに当の体制が、国民の幸福や安全を保障したり、力強く栄光に満ちた国家を築いたりするうえでプラスかどうかとなると話は違う。こちらについては、優秀にして体系的な英知どころか、世俗的な配慮すらうかがえない。

国民議会の一貫した行動原理、それは困難を避けて逃げ回ることのように見受けられる。ところが困難に立ち向かって克服することこそ、分野のいかんを問わず、傑出した存在となるための条件なのだ。困難を乗り超えることで、人間はさらなる困難に立ち向かう力を身につける。

こうやって人間は学問を発達させ、物事に関する理解を深めてきた。困難とは、神によって送り込まれた厳格な教師のようなものである。そして神はわれわれのことを、われわれ以上によく理解し、また深く愛している。

困難にぶつかることで人間の精神は鍛えられ、技能も研ぎすまされる。それは敵であるかに見えて、真の意味における味方だと言えよう。困難と戦うことにより、われわれは自分が直面する問題について、さまざまな角度から深く検討するようになる。つまりは、いい加減な態度を取らなくなるのだ。

しかし世の中には、困難に立ち向かう勇気を欠いた者もいる。そういう連中は、とかく安易な近道を探したり、あれこれ小細工を弄《ろう》したりする。世界のそこかしこで政府が権力を濫用するに至るのも、こういった退嬰《たいえい》的な態度の結果にほかならない。

かつてのフランス王政にしろ、現在のパリ共和制にしろ、問題の根源はここにある。英知が足りないぶん、物事を力ずくで押し切ろうとするのだ。本質的な解決になるはずがなかろう。

ごまかし仕事に終始した者には、怠けたツケが回ってくる。困難というやつ、一時的にかわすことはできても、完全に避けて通ることはできない。いずれは直面せざるをえなくなるものの、そのときには問題がいっそう深刻化している。

事態は混迷の一途をたどり、何の展望も見えないまま、えんえんと苦労しなければならない。政治が困難を避けようとするとき、国家は衰弱して不安定になるのである。まさに百害あって一利なしではないか。

すべてを変えるのは無能の証拠

フランス国民議会が改革と称して、既存の制度の廃止やら全面的破壊やらにうつつを抜かしているのも、困難に直面するのをいやがって現実逃避を図っているにすぎない。物事をぶち壊したり、台なしにしたりするには、手腕ではなく腕力があれば十分だ。そんなことに議会はいらぬ、暴徒にやらせておけばよい。

バカであろうと粗野であろうと、何も困りはしないのである。キレて逆上した連中は、ものの三十分もあれば、すべてをメチャクチャにしてしまう。これを埋め合わせるには、英知と先見性を持った者たちが、百年にわたって熟慮を重ねても足りない。

従来のシステムの過ちや弊害は、誰の目にもハッキリと映るため、たいした頭がなくとも容易に批判できる。まして絶対的な権力を握っているのであれば、ひとこと指示を出すだけで、それらの過ちや弊害をなくすという名目のもと、システム全体をぶち壊すことができるだろう。

かかる姿勢は怠慢にしてせっかちであり、横着を好みつつ何かせずにはいられない。はたせるかな、新しいシステムをつくり上げる際にも、国民議会は困難に直面しようとしなかった。物事をこれまでと正反対にするのも、安直さにかけては、すべてをぶち壊すのといい勝負である。

前例のないことを試すのは、じつは気楽なのだ。うまくいっているかどうかを計る基準がないのだから、問題点を指摘されたところで「これはこういうものなんだ」と開き直ればすむではないか。熱い思いだの、眉唾《まゆつば》ものの希望だのを並べ立てて、「とにかく一度やらせてみよう」という雰囲気さえつくることができたら、あとは事実上、誰にも邪魔されることなく、やりたい放題やれることになる。

対照的なのが、システムを維持しつつ、同時に改革を進めてゆくやり方である。この場合、既存の制度にある有益な要素は温存され、それらとの整合性を考慮したうえで、新たな要素がつけ加えられる。

ここでは大いに知恵を働かせなければならない。システムの各側面について忍耐強く気を配り、比較力や総合力、さらには応用力を駆使して、従来の要素と新しい要素をどう組み合わせたらいいか決めることが求められるのだ。また人間は、あらゆる改善を頑固に拒んだり、「いまのシステムには飽き飽きした」と軽率に見切りをつけたがったりもするので、その手の主張にもじっくり対処してゆく必要が生じる。

こんな反論が寄せられるかもしれない――「それでは遅すぎる。国民議会の偉大さは、普通なら長い歳月をかけて達成される事業を、わずか数カ月のうちにやってのけることではないか。あなたが言うような方法で改革を進めては、成果があがるまで何年も待たねばならない」。

むろん、そうだろう。そうあるべきなのだ。時間をかけて物事を変えてゆくのは、さまざまな長所を伴う。その一つは、変化が起きているとは思えないほどペースが緩慢な点にほかならない。慎重に用心深く作業を進めるのが賢明であることくらい、大工や職人ですら承知している。

おまけに社会システムを解体したり構築したりするとき、われわれはレンガや木材を扱っているわけではない。素材となるのは生身の人間である。彼らの地位や境遇、あるいは習慣を不用意にいじり回すなら、ひどく悲惨な結果を招くことになるだろう。

現在のパリでは、人々がいかなる痛みを味わおうと、いっさい気にせず自信満々で改革を進めてゆくことこそ、偉大な政治家が持つべき唯一絶対の条件だと見なされているらしい。だが私の考えはまったく異なる。真の政治家たるもの、温情あふれる心を持っていなければならない。

そのような人物は祖国と同胞を愛しつつ、おのれの能力をつねに疑ってかかる。

到達すべき目標をとっさに把握する才覚を持っていようと、実際の行動においては一歩一歩じっくりと進む。政治を良くしてゆくには、人々の心をまとめあげねばならないものの、これは一朝一夕にはできない。力任せに押し切るより、我慢強く気長に頑張るほうが、結局は成果があがるのだ。

賢い政治のあり方とは

経験に学ぶなど、パリではおよそ流行らないようだが、あえて言わせてもらおう。私は数多くの優れた政治家を知る機会があったし、彼らの仕事に協力もしてきた。ここから学んだのだが、いかに立派なリーダーであれ、完璧な計画を一人でつくることはできない。見識の点ではずっと劣る人々の意見を取り入れることが、しばしば計画を改善するうえで役に立つ。

ゆっくりと、しかし着実に進んでゆけば、一つひとつの段階において物事がうまくいっているかどうかを確認できる。それにより、変化のプロセス全体が安全になるのだ。システムの内部に矛盾や破綻が生じることはない。またどんな計画にも、何かしらの弊害が潜んでいるものながら、これらにも表面化した段階できっちり対処できる。

特定の利点のために、別の利点が損なわれるようなことも最小限ですむ。人間の心情や行動は、突飛な点や相反する要素をいろいろ含んでいるにしろ、われわれは、それらの間に首尾一貫したまとまりをもたらすに至るのだ。かくして成立するのが、単純なだけが取り柄のシステムではなく、多様性をもってうまく機能するシステムと言える。

社会のよしあしは、何世代にもわたって人々に影響を及ぼす。だとすれば、望ましい社会システムを構築する作業も、世代を超えて行われるのが筋ではないか。だからこそ多くの偉大な政治家は、何もかも自分の手でつくり上げようとするのではなく、良い社会の基盤となる原則を確立できればそれでよしとしたのだ。あとのことは、原則を実地に活用する中でおのずと生まれてくる。

一方に確固たる原則を持ち、他方に臨機応変の応用力を持つ、このような姿勢こそ真に賢明なものであろう。フランス革命政府は、みずからの行動について「勇気ある大胆な才覚の表れ」と見なしたがっているようだが、情けないまでの無能さを露呈しているだけである。

恐ろしく性急で、物事の自然なペースをてんで無視する革命政府は、怪しげなコンサルタントやベンチャー投機家、オカルト錬金術師やサギ師にとって格好のカモとなる。地道に一歩一歩進もうとする気がないのだから当然の話だ。それはちょうど、健康を害したからといって、やみくもに特効薬を探し求めるばかりで、毎日の食生活については改善しないのと似ている。

慢性の病気は、生活習慣を改めることで少しずつ治す。革命政府にはこの常識がない。ひょっとしてこれは、たんに愚かなのではなく、人間というものを根本から信じていないせいではあるまいか？

フランス国民議会の面々は、風刺作家の文章やギャグを真に受けて、世の中がわかったつもりになっているように見受けられる。これでは風刺作家のほうがびっくりしてしまうだろう。皮肉や冷笑にばかり耳を傾けていると、もっぱら弊害や欠陥に目が向くようになり、そういったマイナスの側面をことさら誇張してとらえるようになる。

逆説的に聞こえるかもしれないが、物事の問題点を指摘するのが得意な連中は、改革の担い手にはふさわしくない。彼らは物事の良い点になかなか気付かないし、プラスの側面について思いを馳せるのも好きではないとくる。人間の悪徳を嫌うあまり、人間嫌いになってしまうのだ。何もかもバラバラにしないと気がすまない革命派の傾向は、これに影響されたものだろう。

筆が立つ物書きの中には、観念のゲームともいうべき奇抜な表現を好む者もいる。そのような文章を発表することで、自分の才能を試すばかりでなく、読者の注意を惹きつけたり、びっくりさせたりするわけである。

つまりは洒落《しゃれ》た遊びであり、スタイリッシュな実験なのだが、革命派はそうは受け取らない。奇抜な観念論でしかなかったものが、国家の最重要課題に取り組む指針として、大真面目にとらえられてしまう。

ヒューム氏（訳注＝十八世紀イギリスの哲学者デビッド・ヒューム）によれば、ルソー（訳注＝フランス革命の理念的基盤を提供した哲学者。イギリス滞在中にヒュームの庇護を受けたことがある）は物を書くうえで、次のようなポリシーを持っていた。いわく、一般大衆を驚かせ、注目を浴びるためには、非日常的な夢を売りものにしなければならない。

しかしエキゾチックな神話などは時代遅れとなって久しく、巨人、魔法使い、妖精、伝説の英雄といった類にしても、とうにリアリティを失っている。いまなお説得力を持ち、読者に受ける夢とは何か？　いずれ人間がつくり上げるであろうユートピア的な社会の青写真だ。日々の暮らし、慣習、人間性、そして世の中のあり方、これらに関する夢を売ればいいのである。

ルソーがいまも生きていたら、自分の弟子にあたる連中が夢と現実をゴッチャにしたあげく、世の中を引っかき回していることにショックを受けるに違いない。

革命派のお手並み拝見

大事業を引き受けようとする者は、確立された手順に沿って仕事を進める場合でも、それにふさわしい能力があることを示すべきだ。いわんや国家全体について、目下の問題点を解決するだけでなく、根本の憲法までつくり直そうとする者は、並々ならぬ力量を有していると証明する義務を負う。

フランスの革命派は、いままで政治にかかわった経験がないにもかかわらず、歴史に前例のないことをやってのけるつもりでいる。ならば彼らの計画には、圧倒的なまでの英知が浮かび上がっていなければならない。そのような形跡は見られるか？

ひとつここで、国民議会がしてきたことを手短に検証してみたい。対象となるのは立法・行政・司法、さらには軍隊と財政である。革命派の連中は、自分たちが誰よりも優れていると信じて疑わないようだが、これに具体的な裏付けがあるのか調べてみようではないか。

まず注目されるのは、新しいフランス共和国の基本的なあり方だ。そこには史上空前の大改革を成功に導くだけの力量が表れていなければならない。革命派がつくり上げようとする政治システムは、いかなる発想に基づいているのか？　それが持つ特徴は？　民主的な国家を築くという目標に照らして、当のシステムはふさわしいか？

国家、わけても民主主義的な国家は、国民の幸福と繁栄を達成できなければ意味がない。問われるべきは、そのためのポテンシャルの有無である。システムに首尾一貫した整合性が見られるかどうかも、あわせてチェックしよう。

伝統的な政治システムのよしあしなら、実績によって評価することができる。国民が幸福に統合され、力強く繁栄していれば、あとは推して知るべしだ。結果良ければすべて良し、そう見なして差し支えあるまい。

長年続いてきたシステムの場合、理論的な整合性を持たない箇所についても、ちゃんと対応策が確立されている。というよりシステム自体が、さまざまな試行錯誤を積み重ねたあげく築かれたものなのである。

最初に理論があり、それを踏まえてシステムがつくられる事例はめったにない。実践を通じて練り上げられたシステムが先にあって、そこから理論が抽出されるのだ。こういった国々の政治を観察するとわかるものの、最善の結果を得るには、当初の方針とは矛盾するような方法をしばしば用いねばならない。

「論より証拠」というけれども、政治の世界では「論より経験」である。経験から得られた知恵は、ときとしてシステム自体にも変更をもたらす。当の変更は「逸脱」や「脱線」のごとく思われがちだが、「改善」となっていることも多い。

イギリスの憲法は、そのような過程を経て成立したシステムの好例だろう。国の進むべき方向をめぐって、さまざまな誤りやブレが生じても、見つかり次第すぐに補正されるため、道を大きく踏み外すことはない。

ただしこれは、経験重視型のシステムについての話だ。純粋な理論に基づいて構築されたばかりのシステムならば、あらゆる点において完璧な整合性を備えていることが期待される。なにせ革命派の連中は、いままでのフランスのあり方とうまく嚙み合うように配慮しつつ、新たな国づくりを進めているのではない。そんなことはまるでお構いなしに、自分たちが理想的と信じるシステムをつくっているのである。

第九章 メチャクチャな新体制

基本的人権に資格制限がある！

まずは、地方議会まで含めた立法府だ。従来の制度をゴミ同然の代物として廃棄した革命派は、三つの異なった原則をもとに新システムをつくり上げようとしている。これらの原則とは、幾何学的なもの、数量的なもの、そして金銭的なものであり、「地区面積の原則」「人口の原則」「租税貢献の原則」と呼ばれる。

第一の原則のもと、フランスは八三個の正方形の区域に等しく分割された。この正方形の名称は「県」である。県はより小さな正方形に分割され、計一七二〇個の「郡」ができ上がる。同じように郡も、計六四〇〇個の「区」に分割される。

すべてを正方形に区分けするという方法論は、いかなる政治的な根拠も持っておらず、各地で無数の不都合を生じさせた。面積は同じであろうと、土地が肥沃《ひよく》な区域もあれば、そうでない区域もある。人口や豊かさ、納税額についてもしかり。

差があまりに大きいので、こんな区分けがバカげていることはすぐ明白となった。幾何学的な平等が、実際にはとんでもない不平等を引き起こしたわけだ。もっとも革命派は、まだこの方法論を捨てきれずにいるのだが。

第二の原則、つまり人口を基盤とする立法機関の構築は、国土の分割ほどスムーズには進まなかった。いや、タテマエ通りに事を進めれば、話はきわめて単純なはずである。万人はあくまで平等であり、政治に参加する権利も等しく有するのだから、一人一票で自分の代表者を直接選べばいい。代表者の数は、むろん有権者の数に応じて決められる。

ところがここで、革命派はこう唱える——「だが穏やかに、一歩一歩進もう。極端な真似はいけない」。法律、慣習、政策、主義主張、すべてにおいて穏やかでないくせ、自分の都合次第で保守的になったりするのだ。代表者と有権者は、さまざまな障壁や上下関係によって隔てられている。ずばり言ってしまえば、両者がつながりを持つことはおよそ不可能なのである。

個々の区から始めよう。ここには区議会が設けられるのだが、投票するには一定の条件を満たさねばならない。ちょっと待て！　絶対に否定しえない基本的人権に、なぜ資格制限があるのか？

弁明は以下のごとし。「われわれの要求する条件はささやかなものにすぎない。筋が通っているとは言えないものの、大したことはないのだ。各地方における三日分の労働報酬に相当する金額を納めてくれれば良い」。

大した額でないのは認める。けれども誰もが参政権を持つという原則は、これによって完全にくつがえされた。かかる条件を設けたところで、議会の質が向上するとは信じがたく、この制限には意味がない。

しかも万人の平等という発想に基づけば、もっとも手厚く保護されねばならない立場の人々に限って、投票ができなくなってしまう。財産も力もなく、人権の平等性だけが頼りの者たちにたいし、革命派は投票の権利をカネで買えと迫ったのである。人権とはみんなが生まれながらに持っており、どんな権力にも奪えないものではなかったのか？

投票の代金を払えない人々にとり、新制度は「不平等な横暴」以外の何物でもあるまい。貴族や聖職者の横暴を糾弾してきた革命派が、こんなことをしでかすのだ。おまけに政治参加をめぐる障壁は、まだいくつも存在する（訳注＝バークはここで、郡議会に立候補する者や、国民議会の代表となった者も、一定の金額を納めるよう義務づけられていると指摘するが、記述内容には不正確な点があると言われる）。

人権の平等性を踏まえ、人口のみを基準として考案されたはずの選挙システムが、じつは財産の有無を重視している。普通なら不当なことではなく、むしろ理にかなっているくらいだが、革命派が掲げた目標には完璧に反していよう。

金持ちへの逆差別

第三の原則、すなわち租税貢献に関連した規定が持ち出されるや、人権がどうこうという話は完全に吹っ飛んだ。これは財産だけを基準としており、「万人の平等」とはおよそ両立しえない。

あまつさえ、この原則まで（例によって）導入されると同時にねじまげられた。といって、貧富による極端な格差が生じないよう緩和策が取られたのではない。革命派は個々の高額納税者に特権を与えるのではなく、地域ごとに納税額を算定、より多くの税金を納めている地域が、それだけ大勢の代表を議会に送れるようにしたのである。

万人の平等を謳いつつ、財産に応じた特権を認めるのでは、さすがにみっともないと思ったのだろう。かくして採用されたのが、県ごとのレベルでは不平等を許容しつつ、それぞれの県の中、個人のレベルでは参政権を平等に保つという苦肉の策であった。ただし個人レベルでの参政権とて、先の資格制限により平等ではなくなっているのだが。

だいたい地域レベルであろうと、不平等は不平等だ。わずかな数の代表者しか選出できない貧しい地域の人間と、多数の代表者を選出できる豊かな地域の人間とで、政治的な権利がイコールであるはずがない。「代表が三人であれ一〇人であれ、一票は一票だ」などと言われて、納得する者がいるだろうか。

逆に視点を切り替え、納税額、つまり財産の規模によって代表者の数を決めることが、新しいフランス共和国にとって正当、かつ必要なことだとしてみよう。問われるべきは、個人ではなく地域を優遇するのはいいとして、金持ちの権利、ひいては身の安全に関し、国民議会はちゃんと配慮したかである。

民主主義に基づく共和制の国では、君主制の国と比べて、金持ちを保護しなければならない。彼らは嫉妬の対象となりやすく、迫害されるリスクを負っている。こう考えると、制度を逆にしたほうが良かったのではないだろうか。各県が選出する代表者の数を平等にして、それぞれの県の中で金持ちに特権を与えるのだ。

現在の制度では、事態はこんな具合になる。ある地域で、周囲の人々と比べ一〇〇倍の税金を納める者がいるとしよう。にもかかわらず、彼は一票しか与えられていない。地域の代表者が一人なら、この一人をめぐって、貧しい連中の意向が一〇〇対一で反映される。

ひどい話だ。しかし埋め合わせもある。それは何か？　金持ちがいるおかげで、地域の代表者が一〇人に増やされた。巨額の税金を納めた見返りとして、いまや一〇人の代表をめぐり、貧しい連中の意向が一〇〇対一で反映される。

代表者が増えることで、金持ちはメリットを得るどころか、ますます立場が弱くなってしまうのだ。富裕な地域ほど、金持ちへの逆差別は激しくなる。また地域ごとの格差をこんなふうに容認することが、国家全体のバランスや安定にどう寄与するのか、私には理解できない。

個人の場合と同じく、地域と地域の間でも、おのれの利害に固執したり、いがみ合ったり、嫉妬したりという事態が続発するだろう。それどころか地域レベルの対立は、個人レベルのものより深刻になりうる。下手をすれば、内乱一歩手前の状態に陥るのではあるまいか。

以上の三つの原則が導入された背景には、いろいろ現実的な事情もあるに違いない。とはいえフランス国民議会が掲げるタテマエに沿う形で、これらの間の整合性の有無を検討してみよう。

人口を基準に代表者の数を決めるのであれば、ただ一律に割り振ってゆけばすむ。だが地区面積や租税貢献も考慮に入れるとなると、そうはいかない。同じ大きさの地区が同じ数の人口を抱えているとはかぎらないし、納税額にしてもまちまちだからだ。

「人口の原則」と、「地区面積の原則」や「租税貢献の原則」では、基本的な性格がまるで違うのである。この三原則を同時に適用しようとした日には、およそバカげた不平等がまかり通ることになるだろう（訳注＝たとえば人口密度の高い地区は、「人口の原則」に従うかぎり、同じ面積の他の地区よりも代表者が多くなり発言力が強まる。反対に一人当たりの納税額が高い地区は、他の地区に比べ、同じ額の租税を少人数で負担しているため、「人口の原則」のもとでは代表者数が少なくなって損をする）。

フランスはまとまりをなくした

革命派の考案したシステムには、一つのハッキリした特徴が見られる。フランスの各地域に、それぞれ独立した政府を持たせることで、国家をバラバラに分断しようとしているのだ。これらの政府は、パリの国民議会に代表を送り込み、当の議会が決めたことを受け入れる点を別にすれば、互いに無関係とくる。「フランス」としてのまとまりもなければ、地域間のつながりもない。各地域の政府が、中央政府の指示に従うかどうかもわからない。いわば国民議会は、いくつもの小共和国を寄せ集めたうえにどうにか成立している状態なのである。

このような統治形式の例は、なるほど他にも存在する。ただしそれは、「国家」というより「連邦」に近い。また連邦制の導入は、国としてのまとまりを弱めるためにではなく、別々だった諸国を一つに統合する手段として用いられるのが通例だ。

権力を握ったとたん、祖国を荒っぽく引き裂いたのは、フランス革命政府が史上はじめてではなかろうか。ここで注目すべきは、国土を幾何学的に分割した点にしろ、すべてを数量で決めたがる傾向にしろ、革命派がまるで「外国から攻め込んできた征服者」のように振る舞っていることと言える。

実際これは、苛酷な占領政策を敷く際に用いられる方法とまるで変わらない。征服した相手をいっそう打ちのめし、抵抗する気力を奪うにはどうすればいいか。宗教、政治、法律、慣習、すべてにおいて、相手側の伝統をできるだけ根絶やしにするのである。

続いて国土を仕切り直す。さらに人々を貧窮に追いやり、彼らの資産を競売にかける。王、貴族、高位聖職者といった連中は再起不能にしなければならない。目ざわりなものは、何であれつぶしておく。さもなければ占領への不満に乗じて、独立回復をめざす運動が生まれることにもなりかねない。

革命派がフランスを「解放」したやり方たるや、古代ローマ人がギリシャやマケドニアなどを制圧した手口と同じではないか。きっとローマ人も、人権の理想を高らかに信じていたのだろう。だからこそ、各地域の独立性を重んじるという名目のもと、人々が団結して立ち向かってくることがないようにしたのだ。

「人権主義の植民地」ともいうべき現在のフランスは、ローマの植民地、ことに軍隊が管轄《かんかつ》したものとよく似ている。これら植民地を観察したタキトゥス（訳注＝ローマの歴史家・政治家）は、以前に比べて統治の手法が悪くなっていると指摘した。

かつてのローマ人は賢明だった。他国を征服した際には、相手を服従させる一方で、彼らの生活が改善されるよう配慮した。軍隊による支配を通じて、文明的な秩序を根付かせようとさえしたのである。

ところが時の経過とともに、こういった手法は忘れ去られた。ローマ人はフランス国民議会よろしく、あらゆる人間を一緒くたに扱い始め、デタラメでいい加減な統治をするようになった。これでは不満が高まらざるをえず、物事が安定的に続くはずはない。

堕落のあげく崩壊の危機に直面した国家にはさまざまな腐敗がつきものだが、フランスの新たな共和制は、なんと誕生の瞬間から腐敗にまみれている。それは生まれながらにして死相の表れている赤ん坊にもたとえられよう。

平等志向は独裁への道

古代の共和制国家を築いた政治家たちは、重要な点をわきまえていた。青くさい観念論をふりかざし、税収の計算ができるというだけでは、良い国はつくれない。政治にたずさわるからには、人間について深い見識を持たねばならないのだ。

社会の中でどんな境遇に置かれているかにより、人間のあり方は変わってくる。生まれや育ち、職業、年齢、居住地、資産を取得したり保持したりする方法、資産そのものの中身――このような条件が違えば、同じ人間といってもまるで別物なのである。

ゆえに古代の政治家は、人間をさまざまな階層に分類し、適切に位置づけたうえで、それぞれが必要とする権利を与えた。大規模な社会では利害対立がどうしても生じるが、こうしておけば各階層は自己の利益を守ることができる。

粗野な農民ですら、羊と馬と牛を同列に扱いはしない。与えるエサの種類、世話の仕方、やらせる仕事、いずれも別々だ。「みんな動物なんだから平等に」などという発想は、常識で考えても間違っている。

政治家が非常識で良いはずはなかろう。異なる種類の人間をまとめ上げ、社会に調和と繁栄をもたらすのが政治の責務である。空虚な哲学に取り憑かれた末、「同じ人間なんだから平等に扱おう」などと決め込むのは、恥さらし以外の何物でもない。

人々をどう分類するかこそ、古代の政治家にとって腕の見せどころだった。そうでなくとも彼らは優れた才覚に恵まれていたが、この点にこだわることにより、本来の能力をも上回る偉大な業績を残せた。他方、フランス国民議会の政治家は、まさにここをハズしてしまい、おかげで本来の無能さをも下回る大失敗をやらかすハメとなっている。

古代の政治家は、人々を所属する階層に応じて扱い、そうやって統一性を持った国家をつくり上げた。インチキ観念論にかぶれたフランスの革命派は、正反対のことをしでかしている。あらゆる種類の人々を一緒くたにしたうえで、一つにまとまっていた祖国を、ごたついた小共和国の寄せ集めへと解体したのだ。

フランスの伝統的な社会秩序は、革命派によってことごとく破壊された。王政のもとでは、共和制に比べ、人々をあまり細かく階層分けする必要はない。そのため同国の秩序も、比較的単純なものにすぎなかった。

しかしいかなる階層分けも、きちんと行われるかぎり、政府にとって有益なものと評しうる。それは独裁を予防する効果を持つし、共和制の社会においては、政治が安定して機能するための鍵なのである。けれどもフランスは平等志向のもと、人々の階層分けを取り払ってしまった。

共和制を築き上げる目下の試みが失敗すれば、自由を保障する基盤も崩れ去る。この国で王政が復活するようなことがあれば、史上かつてない独裁政権の誕生となるだろう。新たな王となる人物がよほど思慮深く、みずから対策を講じるのなら別だが、そんな可能性をあてにするのはバクチもいいところ。

つまりフランスはきわめて不安定な状態にあるものの、革命派の手にかかると、それこそ好都合らしい。政権を奪取する段階で、独裁まがいの振る舞いをさんざんしてきたくせに、独裁的な王政が出現することへの恐怖から、人々が新体制を支持するだろうと主張するのだ。いわく、「現在のシステムを否定すれば、国全体が崩壊する。したがって誰が権力を握ろうと、そんなことはできない」。

革命派の連中は、自分たちが絶対的な権力を手にするや否や、国をバラバラに分解したことを棚に上げている。今後、権力を握る者は、そこまで無謀なことは怖くてできないだろうし、もっと穏健に振る舞うに違いないとタカをくくる始末。「独裁王政の復活を許すな」という護符《ごふ》さえあれば、おのれの悪事はとがめられずにすむと思っているのである。

有権者を代表しない国民議会

祖国を「小共和国の寄せ集め」に分割したがる姿勢こそ、無数の困難や矛盾を引き起こした元凶だ。この発想さえなければ、各地域をきっちり平等にしなければならないとか、投票の権利、人口、そして租税貢献をめぐり、成立するはずのないバランスをどうにか見出さねばならないといった問題は、およそ無意味なものとなる。

国民議会の議員は、特定の地域から選出されていても、本来ならフランス全体にたいする責務を負っている。彼らは「全国区」の代表でなければならない。多数派と少数派、富裕層と貧困層、大きさの異なる諸地域、これらすべての代表なのだ。

われわれイギリス人が議会に代表を送る場合、議員は一人ひとりが国家に帰属しており、行政や司法まで含めた統治システムの構成要素となる。フランスでは国民議会が単独で国家の主権を握っている以上、個々の議員も主権の一部を有するわけだが、わが国の事情はまるで違う。国家の統治システムから切り離されれば、議員は無力で無用な存在にすぎない。

代表を選出するにあたり、各地域はこのシステムにこそ自己の利益を託している。国としてのまとまりも、これを基盤に成り立つのだ。言い換えれば統治システムは、特定の部分ではなく、あくまで全体の利益のために機能する。

イギリスにおいて、どこかの地方が代表者の不足から損をしているとか、代表権をまったく与えられていない地域があるとかいう話を聞いたことはなかろう？国王も貴族たちも、国全体を平等に扱い、それによってまとまりが保たれるよう気を配る。議会にしたところで、「あらゆる議員は全国の代表」という精神に支えられているのである。

フランスの新憲法は、イギリスとは正反対の原則のうえにつくられている。国民議会に送られる代表と、一般の有権者とのつながりは皆無ではないか（訳注＝革命政府はフランスを「県」「郡」「区」に分割、それぞれに議会を置いたが、一般の有権者が直接選べるのは区議会の議員だけで、以後は「選ばれた議員が、次のレベルの議会の議員を選ぶ」ようになっていた)。どう見たところで、国民議会の議員を「民衆の代表」とは呼べない。なにせ形式的な投票すら行われていないのだから。

われわれが選挙に求めるものは何か? 選挙制度がちゃんと機能するためには、代表者の能力を推し量る手立てが必要となる。次に有権者は、個人的な義理や影響力によって、代表者とつながっていなければならない。

こう考えるとき、フランスの有権者に与えられた「選択の自由」は、悪い冗談のごとき代物と呼びうる。彼らに奉仕するはずの国民議会代表が、いかなる資質の持ち主かなど、この制度のもとでは知りようがない。当の代表にしたところで、一般の有権者にたいして、いかなる責務も負っていない。

しかも新憲法によれば、議員を務めた者は、その後二年間、再選が禁止される。煙突掃除と同じく、ようやく仕事をおぼえたころに追い出されるのだ(訳注=これは子供の仕事だったものの、しばらくすると身体が大きくなるため、煙突に入れずクビとなった)。議員が職権を濫用することばかり警戒したあげく、彼らの能力についてはお構いなしなのである。

もっともこの規定、政治家としてはからきしダメだが、選挙運動だけは上手という、いい加減な連中にとっては好都合かもしれない。再選が禁じられている二年間、こんなやつらが巧妙に立ち回った結果、賢明で美徳に満ちた政治家より優勢になることも考えられる。つまるところ新憲法下のフランスでは、あらゆる議員が一過性の存在であり、上位の代表を選ぶためだけに選ばれているのだ。

再出馬するころには、自分に投票する下位議会議員の顔ぶれがすっかり変わっていることもありえよう。投票による信任も形ばかりのものとなる。こんな選挙制度において、責任というものが存在する余地はない。

新紙幣アッシニアはバクチ専用

現在のフランスの政治システムに、各地域を一つにまとめあげるための原理を見出すことはできない。ならば国民議会は、どうやって国を統合しようとしているのか。地域間の連盟運動だとか、革命を称賛する見世物や市民祭典などは論外である。そんなものは子供だましにすぎない。

私が見るところ、真に重要な手段は三つだ。第一は資産没収。これは新紙幣の強制的な流通とワンセットになっている（訳注＝バークは第六章で、革命派が国全体を教会資産の没収に加担させ、それによって自分たちの権威を保とうとしていること、および新紙幣アッシニアが、教会の土地の売却を前提に発行されていることを指摘した）。第二はパリ市による全国支配。そして第三は軍隊の活用である。ただし最後の点をめぐるコメントは、軍の実態を論じる際に述べることにしよう。

第一の手段（資産没収と新紙幣流通）については、当面の間、それなりに国をまとめあげる効果を持つのは否定しがたい──のっけから狂気の愚挙として総スカンを食らわなければの話だが。だとしても、没収資産には新紙幣を支えるだけの価値がないことが（ほとんど間違いなく）いずれ判明するだろう。

そうなったら最後、この手段はフランスを一つにするどころか、地域間、ひいては各地域の内部にまで、分裂、離反、混乱を引き起こすハメとなる。かかる事態に至る前であっても、新紙幣自体の価値がつねにぐらついているのを思えば、それがどの程度の統合力を持つかは疑わしい。

とはいえ、確実に生じることがある。これは二次的な副作用に見えるかもしれないが、私の関知するかぎり、革命派の真の狙いにほかならない。すなわち、フランス全土が金融勢力の支配下に置かれるのだ。

この勢力はカネの流れにのみ関心を持っているのではない。革命派がつくったシステムにおいて、紙幣の発行は別の事柄と不可分に結びつく。没収された土地を好きなだけ購入したり、あるいは売却したりすることで、「紙切れを土地に、土地を紙切れに」という錬金術を繰り返すのである。

かくして不動産の世界に、マネーゲームと投機の精神が入り込む。土地は（比喩的に言えば）たやすく蒸発してガスに変わってしまうだろう。そしてガスである以上、始末に負えぬほど激しく動き回ることになる。結果的に金融勢力は、さまざまな融資の担保に加えて、国土の一〇パーセントほどを手中に収めるのではないか。

しかも紙幣流通とリンクさせたことで、あらゆる土地の価値がいくらでも変動しうる。経済を仕切っているのは、山師のような連中だ。守るべき慣習もなければば、地域に貢献するつもりもない。要は儲かればいいのだから、紙幣であれ、金貨・銀貨であれ、はたまた不動産であれ、利益が見込める度合いに応じて、資産の形態を変えてゆくだろう。

国民議会は前例のないことばかりやるクセがあるが、とりわけ恐れ入るのは、バクチの方法論で国家を築き上げ、誰もがその精神を身につけるよう仕向けていることである。革命派の主たる目標は、偉大な王国だったフランスを巨大なカジノにつくりかえ、全国民をギャンブラーにすることと評さねばならない。投機は人生そのものと化し、あらゆる事柄に対処する指針となる。希望であれ不安であれ、人々はまともな感情を喪失するだろう。バクチにハマった者の常として、彼らは衝動に突き動かされるまま、自滅的な妄執《もうしゅう》にとらわれる。

革命派の公言するところによれば、バクチ的な金融政策こそ現在のフランス共和国を支えているものであり、投機なしには国の命脈が尽きるそうだ。法律は通常、賭博を禁ずるものだし、少なくとも奨励することはない。それが正反対の状態にまで堕落してしまい、全国民にギャンブルへの参加を強制するありさま。

いまやフランスでは、投機に手を染めないことには食事にもありつけない。朝、受け取ったばかりのカネの価値が、夜には変わっている。以前、誰かに貸したカネを返してもらったとしよう。そのカネを自分の借金返済にあてるときには、すでに足が出る始末。借金を抱え込まないよう、一括払いを選んだところで焼け石に水だ。

産業は衰退するしかない。経済などというものはなくなる。倹約の精神にしてもしかり。いくらもらえるかもわからずに働く者がいるか？　資産価値がコロコロ変わりかねないとき、貯蓄に励む者がいるか？

バクチの元手として使える点を除けば、新紙幣アッシニアに価値はない。それをなお貯め込もうとするのは、勤勉さの表れにあらず、カラスが本能的に何でも拾い集めるようなものである。

地方は没落、得するのは都市のみ

ギャンブラーばかりの国をつくり上げるべく、革命派は系統的に策を弄しているのだが、もっとも厭《いと》わしいのは次の点と言える。誰もがバクチにかかわらなければ生きられないにもかかわらず、そのルールを理解できる者は少数にすぎない。自分に有利な形でルールを活用できる者に至っては、いっそう少なくなる。

とすれば投機のメカニズムを操る一握りの人間が、残りの大多数をカモにするだろう。田舎に住む人々にとって、これがどんな結果をもたらすかは明瞭だ。都市の住民ならカネ勘定に明け暮れることもできるものの、田舎ではそうはいかない。

農民が市場に穀物を持ってゆくとしよう。各都市の行政官は、アッシニア紙幣を額面通りの価格で受け取るように命じる。ところがそのカネを持って商店に向かうと、道を横切っただけで紙幣の価値は七パーセント下落してしまう。

これでは市場に穀物を持ち込む者がいなくなる。都市住民は怒りに駆られる！力ずくでも穀物を手に入れようとするだろう。衝突は避けられない。

今回の革命により、フランスの全権力は都市ブルジョワ層、および彼らを主導する金融勢力の手に渡る。地方の名士、小地主、農民は、そろって締め出しを食らうだろう。生活習慣、気質、経験、どの点においても、彼らは権力や影響力を行使することができない。

田舎の暮らし、つまり土地を主要な資産とする生き方は、さまざまな仕事の機会を提供するうえ、喜びや楽しみも多い。けれども徒党を組んで談合にふけることは（いまやこれこそ、影響力を持ったり、行使したりする唯一の方法となった）、田舎の人間には無理である。どんなに頑張ってまとまろうとしても、彼らはすぐバラバラになるのだ。

地方の名士が、自分の土地から得られる収入を使って、影響力の行使を試みても空しい。都市の連中は、自分の収入の一〇倍にもあたる額の金品を動かせるのだから。さらに没収した土地の処分を通じて、市場での不動産価格を下落させ、相手側の経済的基盤を台なしにすることもできる。

同じ名士が、土地を担保に資金を集めようとすれば、今度はアッシニア紙幣の価値を高め、自分の土地の価値を落としてしまう。敵に対抗しようとすることが、とりもなおさず敵の力を強めることにつながるのである。

現在のフランスのシステムが、地方の名士にはとことん不利なもので、反対に都市の金融勢力にはとことん有利になるようできているのは疑問の余地がない。かくもメチャクチャな憲法が効力を持ちつづければ、国の支配層は以下の者たちで占められるだろう。

徒党を組んだ扇動家、都市の金融勢力、没収された教会資産の管財人、弁護士、エージェント、高利貸し、投機家、山師。何とも忌まわしい少数支配が確立されることになる。

犠牲となるのは、王室、教会、貴族、および国民全体である。人間の平等や権利をめぐるウソ八百の幻想など、どこかに消え失せてしまうだろう。国をまとめるための第一の手段、すなわち資産没収と新紙幣の流通については、まずこんなところと言える。

パリの支配はいつまで続く

フランス共和国をまとめる第二の手段は、パリ市による全国支配だ。これはすでに述べた第一の手段と密接に結びついている。

そして革命派が、地理的な区分けの仕方はもとより、宗教的・政治的な秩序をすべてぶち壊し、伝統的な物事のあり方を否定した理由を知るには、ここに目を向けねばならない。相互につながりのない自治体を国中に乱立させた理由についても同様である。

パリ市の持つ力が、革命派の強大な後ろ盾となっているのは誰もが認めるだろう。現在、同市はさまざまな利権の中心地であり、その焦点とも化しているが、彼らはこれを利用することで、国民議会と行政府の双方を牛耳るに至った。

言い換えれば、他の自治体にたいするパリの優越性は、どんな方法を使ってでも固めておく必要がある。パリはコンパクトにまとまった都市ながら、力の点ではいかなる「正方形自治体」よりもずっと強い。くだんの力が、狭い面積の中に集約されているのだ。

他の諸地域はズタズタに切り刻まれたうえ、互いに結びつく手段もなければ大義もない。少なくとも当面の間、いくつかの自治体が連帯してパリに対抗するような事態は生じえないだろう。首都の外には、衰弱、分断、そして混乱がはびこるばかり。

自分たちの支配が揺るがぬよう、国民議会は最近、各自治体の軍司令官が、他の自治体の軍司令官を兼ねることを禁じる決議を採択した。けれども大局的な見地に立つなら、このような形でパリの優越性を確立するのは、国全体が弱体化していることの表れである。

革命派の手前味噌によると、国土を幾何学的に分割したのは、自分たちの地元にこだわる偏狭な発想をなくすためらしい。ガスコーニュ人、ピカルディ人、ブルターニュ人、ノルマン人（訳注＝いずれもフランスの諸地域名）などというものはなくなり、誰もが同じフランス人として、一つの国、一つの精神、一つの国民議会のもとに集まるそうな。

だが実際には、そんなことは起こるまい。右の地域の人々は「純粋なフランス人」になるどころか、遠からず愛国心を喪失するだろう。われわれの公共心は、まず家庭の中で育まれる。それがやがて、近隣の人々や、地域社会のつながりへと発展してゆく。

地元に愛着を抱くことは、国全体を愛することと矛盾しない。いや、まずは地元を愛してこそ、国という大規模で高次元なものにたいし、個人的な事柄のごとく愛着が持てるようになるのだ。フランスのごとく巨大な王国ならば、なおさらではないか。

パリの力と優越性が保たれるかぎり、各自治体を押さえつけ、国をまとめあげることはたしかにできる。しかしいままで指摘した理由により、こんな支配が長続きするとは信じがたいのである。

第十章 社会秩序が根底から崩れる

王は国民議会の下僕である

さて今度は、革命派がいかなる行政府をつくり上げたか検討してみよう。最高責任者に任じられたのは、さんざん貶められてきた王である。彼は自己の職務を、何も考えず機械的に遂行しなければならない。できることといえば、国民議会にたいして、必要と思われる情報を提供するくらい。

社会正義を維持すること、および政策を遂行すること、この二つが行政府の役割だ。かかる観点からフランスの新制度を眺めると、ある点がすぐ目につく。憲法の規定により、司法府の中枢——つまり訴追や審判を行う部門が王の手を離れてしまったのである。

フランス王は社会正義の源泉たりえない。初審であれ上級審であれ、裁判官を任命する権限を持っていないのだ。訴追もまた、王の名のもとに行われるものではなくなった。一介の公証人よろしく、各地方の裁判官をめぐる人事を認証する、王と司法府中枢のかかわりはこれだけにすぎない。

にもかかわらず、王は刑を執行する責務を負っている。ハッキリ言うが、これでは処罰専門の下っ端役人、あるいは刑務所看守や死刑執行人たちの親玉ではないか。王権を貶めるにも程がある。

いっそのこと、司法府とまったく無縁の存在になったほうが、かの不幸な君主の尊厳を守るうえではずっと良かった。こんな境遇に置かれてなお、王が自尊心を保ちうるとか、人々の尊敬を集めうるとかいうのは、人間の自然なあり方に反する。

他方、政策を遂行するにあたっては、王は国民議会の命令に従わねばならない。法律に基づいて政治を行うのは君主にふさわしい職務だが、唯々諾々《いいだくだく》と命令を実行するだけとなると、いやしくも王のやることではなかろう。

ただし行政の実務を担当するのは、それ自体として非常に重要な仕事だ。この仕事にたずさわる者には、人々から畏敬の目で見られるよう、尊厳と権威に満ちた輝かしい地位が保証されねばならない。実務の世界は実力がすべて、インポ同然の連中に任せるわけにはゆかないのである。

行政府の長でありながら、業績をあげた者に何の褒美もやれない、そんな王がどこにいる？　終身の役職に任命したり、土地を授けたりするのはもとより、五〇ポンドの年金、いや、名ばかりで空疎な称号すら与えることができない。フランスにおいて、王は社会正義の源泉でないばかりか、栄誉の源泉ともなりえないのだ。

そのくせ、ここでも強権発動という汚れ仕事が課せられる。地方自治体に援助がなされるとしよう。これは国民議会の名で行われる。逆に言うことを聞かない自治体にたいし、軍を送って屈服させることになったとしよう。この命令を実行するのは王である。

議会の決めた法律にたいし、王は拒否権を持たない。だが残忍な政策を遂行する際には、決まって彼の名と権威が利用される。「王を囚われの身分から解放しようとする者、王に少しでも愛着や尊敬を抱く者を皆殺しにせよ」という命令に、ほかならぬ王が従わねばならないとは、何ともひどい話ではないか。

活力なき行政パシリ集団

行政府の人間は、自分たちに命令を下す者に愛着と尊敬を抱くべきであり、無視するような態度を取ってはならない。まして内心で軽蔑しつつ、うわべだけハイハイと服従するのでは、どんなに賢明な政策も台なしになってしまう。とはいえ「命令を聞き流すな。適当に聞いたふりもするな」などと、法律で決めても意味はない。法律とて、人間に忠誠心を吹き込む力を持ってはいないのだ。

今回の革命で、王はたいへんな恐怖を味わったに違いない。そこから立ち直ったとしても、「自分を心底より憎んでいる連中が決める政策を、活力と情熱をこめて遂行する」というのは無理な相談であろう。まやかしの敬意を払いつつ、こんな王（ないし、かつて王と呼ばれた人物）に仕える大臣たちも同じこと。

この大臣たち、ほんの少し前には、王の名のもと革命派をバスティーユ監獄に送ったのだ。当の革命派が下す命令を、誠心誠意実行するはずがなかろう。それでもなお忠誠心を期待するのであれば、革命派はいままで実行してきた改革や刷新に加えて、人間のあり方を根本からつくりかえ、心の動きに関する新憲法でも制定しなければなるまい。そうでもしないかぎり、国民議会と行政府が手を取り合うことはありえない。

革命派の顔ぶれや、権力の奪取に用いられた手段を考えるとき、王を行政の責任者にすることがそもそも間違っている。革命を望ましいものとして正当化するのなら、十月五日と六日にやろうとしたことを最後まですませるべきであった（訳注＝上記の日付は、国王一家のパリ連行が起きた一七八九年十月五日、六日を指す。バークは第四章でこれを暴挙と批判、革命派の究極的な目的は王の殺害だと述べた）。

現在、王は自分の不幸にすっかり打ちのめされて、栄光へのこだわりなどなくしているかもしれない。食事や睡眠が与えられれば、それだけで十分ありがたいと思っているのかもしれない。そのような人物は、行政府の長たるべきではない。彼にまともな感覚が残っていれば、こんな形で行政を司《つかさど》ったところで、名声を博したり、人々に敬愛されたりすることはないと気付くだろう。つまりは熱心に政策を遂行するための原動力が欠けているのだ。どう頑張っても、受け身でオドオドと振る舞うのが関の山である。

だいたい、王はほんとうに大臣を指名できるのか？　もしそうなら大臣たちも、王と心を一つにするだろう。だが真の人選を行ったのは国民議会で、王はそれを押しつけられたにすぎないのではないか？　ならば大臣たちと、名ばかりとなった王の間で、足の引っ張り合いが始まるのは目に見えている。

ほかのあらゆる国において、大臣となるのは最高の名誉だ。ところがフランスでは、大臣の地位は危険だらけで、栄光とは無縁のものとくる。同国のあらゆる人間の中で、政府の大臣だけが、国政をめぐる議事に参加する資格を持っていない。何たる大臣！　何たる議会！　何たる国よ！

しかし行政に問題があれば、責められるのは大臣である。責任だけを背負わされた人間が、立派な業績をあげるわけがない。処罰への恐怖を原動力に仕事をさせようとしたところで、国が輝きに満ちることはないのだ。

犯罪を防止するためなら、処罰をテコに用いるのもいい。法を破ったら責任を取らされると思えば、たいていの者はためらう。ただし同じ手を使って、人を職務に邁進させようと考えるのは、頭の足りない連中だけと言える。

いまのフランスが戦争を始めるとする。おそらく王は、戦争目的にまったく賛同できないだろう。そんな人物に軍隊を任せるのか？　勝利を収めれば収めるほど、自分を迫害する勢力が強くなるだけだというのに、真剣に戦うと思うか？

諸外国にしたところで、戦争を始める権限もなければ、終わらせる権限もない者を、まともに相手になどしないだろう。王も大臣たちも、これについて票を投じる権利すらなく、人づてに影響を与える力もない。侮蔑の対象として君主を残しておくくらいなら、さっさとお払い箱にするほうがマシである。

革命派のつくり上げた愚劣な政治システムのもと、フランスは心臓部に深刻な病弊を抱え込んだ。衰退、混乱、反目、非効率、腐敗などが、ここから次々と湧き出るだろう。最終的な破局への道が、こうして敷き詰められてゆく。

要するに私は、フランスの行政を担当するパシリ集団（あれは「行政府」などと呼べるものではない）に活力のかけらも見出せない。最高権力たる国民議会との間に、バランスの取れた関係を築く可能性や、協力して仕事を進める可能性に関しても同様である。選挙によって国民議会の議員が入れ替わったとしても、状況が改善されることはありえまい。

外国勢力の暗躍は必至だ

革命派は倒錯した政策を好むばかりか、経済的な合理性も皆無らしい。彼らは政府を二重化するに至った。一方（訳注＝国民議会）は真に権力を握っており、もう一方（訳注＝王の統率する行政府）は見せかけという次第。

どちらを維持するにも、たいへんな経費がかかる。ただしもっともカネを食いつぶしているのは見せかけのほうだろう。機械にたとえるなら、こんな政府、ないし行政府など、わざわざ車輪に油をさす価値もない。

おっと！　革命派諸氏の見識を不当に低く評価してしまった。世の中には、必要に迫られてやらざるをえないこともある。彼らにしても、このような形の行政府を持ちたくて持っているのではなかろう。だが猿芝居を続けないわけにはゆかない。でなければ民衆が納得してくれないから。

よろしい、わかった。天地をひっくり返すかのごとき壮大な理論をぶちあげつつ、現実の状況に合わせて妥協することも知っているわけだ。そこまでわきまえているのなら、もう少し妥協したほうがいい。現在の行政府をなくせないのなら、いかにしてまともに機能させ、活用するかを考えねばならない。

たとえば王には、もっといろいろな権限を与えるべきだ。とくに戦争の開始や終結を決める権限を。何だって！　国事をめぐる権限の中でもっとも危険なものを、行政府の長にやってしまえというのか？

私とて、戦争をめぐる権限だけを王に与えろと主張しているのではない。革命によって剝奪《はくだつ》された、他の二次的な権限も戻すのでなければ意味はない。しかしこれらの権限を王へ戻すことは、明らかなリスクを伴うとしても、それを十分に埋め合わせるだけのメリットを有する。

こうでもしないかぎり、ヨーロッパ諸国のいくつかは、国民議会のメンバーと個人的なパイプをつくり上げることで、フランスの政治に必ずや介入しようとするだろう。やがては国家の中核に、恐ろしく有害な勢力が台頭することになる。

外国の指令のもと、その利益のために動く勢力だ。

われわれイギリス人は、幸いなことに、かかる脅威にはまださらされていない。政治的才覚というものを、フランスの革命派が少しでも持ち合わせているのなら、戦争をめぐる権限のあり方を見直すことを勧める。王に戻さぬまでも、何らかの修正を施して、外国勢力の影響が及ばぬようにしておきたまえ。

聞けば、大臣と呼ばれる人々の中に辞意を表明する者が出たとか。これは驚きでも何でもない。驚かされるのは、どうしていままで辞めずにいられたかだ。過去一年間、彼らが置かれたような立場に置かれることなど、私なら耐えられない。

大臣たちも、革命を支持していたのに違いない。だとしても彼らは、罵声を浴びせられるだけとはいえ、政府の重要なポストに就いていた。今回の革命の引き起こした害悪が、国家規模で否応なく目についただろうし、おのれの職務を通じても実感せずにはいられなかったはずである。

何かをするたび、あるいは何かをすることを禁じられるたび、大臣たちはフランスがいかに悲惨な状態にあるかを思い知らされ、「こんな状態で国に尽くすなど不可能だ」と気付かされただろう。彼らの受けたパシリ扱いは、かつて誰も受けたことがないものと言わざるをえない。

実権もないまま行政を担うことを要求され、自由裁量が許されないのに責任は問われる。決断を下せと言われても、そもそも選択肢が何もない。二つの支配者(訳注=国民議会と王)に仕えつつ、どちらにたいしても影響力はゼロ。

かくも混乱した状態のもとでは、大臣たちのなしうる振る舞いも(彼らにそのつもりがあるかどうかとは関係なく)一つしかない。時には国民議会を裏切り、時には王を裏切り、そしてつねに自分自身を裏切るのだ。彼らの後任となる者たちも、同じ立場に置かれることだろう。

失われた司法府の独立性

国民議会によって決められた新たな司法制度も、英知や才覚とはまるで無縁の代物と言える。例によって、新制度は全面的な廃止から始まった。ここで廃止されたのは高等法院(訳注=フランスの伝統的な最高司法機関。国王としばしば対立した)

である。

この由緒ある組織は、革命前のフランス政府全体がそうであったように、王政が従来通り続いたとしても、修正の必要性に迫られていた。自由主義的な憲法をつくるのなら、さらに大きな変更が求められよう。しかし積極的な評価に値する点も少なからずあったのだ。

何より重要なのは、高等法院が独立性を有していたことに尽きる。法官たちを任命するのは国王だが、いったん任命されるや、彼らは王の力がほとんど及ばない存在と見なされた。これにより高等法院は社会の動きに左右されなくなり、安易な改革への抵抗を本領とするに至る。

独立性から言っても、組織自体の構造から言っても、法律に信頼性と安定性を付与するうえで、高等法院はうってつけの存在であった。国家の最高権力者たるもの、司法府をおのれに従属させてはならない。

それどころか司法府には、なるべく政府と拮抗《きっこう》するような性格を持たせたほうがいい。司法の正義は政治権力の影響を受けないようにすべきだ。その意味で司法府は、国家の外側に位置するものといっても過言ではなかろう。

高等法院も、王政の行き過ぎや弊害を十分に正してはこなかった。ただし、かなりの業績を上げたことも事実である。政治体制が完璧な民主主義へと変われば、このような独立した組織の必要性は一〇倍も高まる。

革命下のフランスでは、判事は公選制となった。これは任期が決められているし、地元のしがらみに縛られてしまう。そんな判事たちが司法を担った日には、最悪の事態が生じるのは避けられまい。

よそもの、みんなに嫌われている金持ち、少数派に転落したグループ、選挙で負けた候補の支持者たち——こういった人々が公正な裁判を受けることは望めない。新しい司法府には、身びいきの風潮がとことん蔓延するだろう。

もとより高等法院も、身びいきと完全に無縁ではなかった。だがこれは本質的な弊害ではない。組織自体は、公正な裁判が可能なようにつくられているのだ。六年間の任期で判事を選出する新システムでは、裁判の結果が偏向するのは不可避となってしまう。

かつての王政では、いかなる勅令であれ、高等法院によって登録されないかぎり有効とはならなかった。言い換えれば高等法院は、王の決定をくつがえすか、少なくとも抗議する権限を持っていたのだが、革命後もそのようなチェック機能を残しておくほうが賢明だったと思う。

国民議会のいかなる決議であれ、高等法院での登録なしには効力を持たないようにすべきなのである。民主主義においては、場当たり的な決定が下されやすい。これらの決定にたいし、法としての一貫性を与えるには、たえざるチェックが不可欠と言える。

古代の民主制にしても、政治的決定が「何でもあり」になる弊害を抱えており、この点を放置したことが破局を迎える要因の一つとなった。場当たり的な決定が続けば、法体系は支離滅裂な状態に陥る。人々は法律を尊重しなくなり、ついにはすべてがパアになってしまったのだ。

判事たちは独裁に奉仕する

フランスの新たな司法制度は、とにかく裁判ができればいいという発想の産物である。何でも変えたがる革命派は、制度を整備する手順までひっくり返した。まずは判事を任命する。彼らは一応、法律に基づいて裁判を行うことになっている。ところが肝心の法律については、そのうち決めたら通達すると言い渡す始末。判事たちが身につけてきた学識（彼らに学識があるとしての話だが）など、これでは少しも役に立たない。かわりに求められるのは、国民議会による決定、命令、指示のすべてに服従すること。

法体系も何もあったものではない。判事たちは、政治権力の完璧な手先という、きわめて危険な存在になる。裁判の途中であろうと、革命派の都合一つで、判事の態度がガラッと変わるようなことが起こるだろう。

新制度における判事の振る舞いの見本となるもの、それがシャトレー裁判所（訳注＝革命初期、王党派を裁くために用いられたパリの法廷）である。ここには国民議会、ないし他の機関によって犯罪者と告発された人々が送られる。

ところが判事たち自身も監視下に置かれ、身の危険を感じているのだ。いかなる法律に基づいて審理するのか、裁判所の権威は何に由来するのか、判事の地位はどのくらい保証されるのか、ハッキリしていることは何もない。彼らは往々にして、「有罪判決を下さなければ、次は自分が処刑される」立場に置かれているものと推測される。

国民議会は、たしかに新しい法体系の制定を約束している。簡潔にして単純明快、その他さまざまな長所を持ち合わせたものをつくるらしい。

法律が単純ということは、判事の裁量（これはつねに危なっかしいものである）に多くがゆだねられることを意味しよう。賢明な裁量を下すには学識が欠かせない。だが革命派は、いままでの法律学が持っていた権威を木っ端《こぱ》みじんに吹き飛ばしてしまったではないか。

注目すべきことに、行政府に属する者は訴追の対象とならない。法律にもっとも従うべき立場であるにもかかわらず、法の及ばない存在とされているのだ。行政府に治外法権でも与えたいのならいざ知らず、常識的に考えれば、これらの者を対象とする裁判所をまっさきにつくるべきだろう。この法廷は十分な権威を持ち、公務執行をめぐる法的な保護と、役職上の義務を破った者にたいする処罰を担当するものでなければならない。

だとしても、行政にかかわる者を訴追対象から外した理由について、疑問を抱く余地はない。民主主義を称しながら、自分たちによる独裁の確立を狙う革命派は、行政府を手駒として大いに活用したいのである。ゆえに彼らは、法律の上に置かれるのだ。

フランスの新たな司法制度は、公務をめぐる裁定を下すのに適さないという反論もあろう。間違いなくそうだ。こんな制度は、まともな用途には何一つ適さない。行政府は国民議会にたいし、責任を負っているからいいのだという反論もあろう。しかし議会のイヌになることと、法律の保護や規制を受けることは、およそ別の話である。

ところでこの司法制度、まだ完全には仕上がっていない。国家への犯罪行為をしてかした者——つまり国民議会の権力に逆らった者を裁く大法廷が今後つくられ、あらゆる裁判所の頂点に位置することになる。

しかるに当の犯罪行為を取り締まるにあたって、革命派は「調査委員会」（訳注＝反革命派の陰謀を阻止するため、国民議会内部につくられた組織）の名のもと、中世の異端審問も真っ青の所業を重ねてきた。そのようなやり方を根本から改めるべく、細心の注意を払わないかぎり、新しい大法廷は、フランスにおける自由の火を完全に消し去るに違いない。

あとに成立するのは、前例がないほどの恐怖と横暴に満ちた独裁体制である。大法廷が「自由と正義を体現する場」だと、口先だけでも言い張りたいのなら、国民議会の議員を訴追の対象から除外することだ。革命派の気にくわない人物だからといって、議員に関連した訴状を大法廷に送ったり、大法廷側から告発させたりしてはならない。また大法廷の所在地はパリ以外の場所にすべきであろう。

軍の規律が乱れ出した

今度は軍隊に目を向けたい。フランスの司法制度は愚劣きわまる代物だが、軍のあり方はもう少しマシと言えるだろうか？

軍の動向は、事と次第によっては国全体を左右しかねない。それを上手に管理することは、司法制度の整備より難しい仕事だ。すぐれた手腕の持ち主が、腰を据えて取り組まねば成功しない。

おまけに革命派は、フランスを「小共和国の寄せ集め」へと解体した。ならば軍を管理できるかどうかは、国としてのまとまりを保てるかどうかとも密接にかかわっている（訳注＝第九章でバークは、革命後のフランスを統合する手段は三つしかないと指摘した。資産没収と新紙幣流通、パリ市による全国支配、そして軍隊の活用である）。

フランス軍の規模は大きい。装備についても、財政事情が許す範囲内ではベストだろう。だが規律の基盤は何か？　彼らはいったい、誰の命令に従うのか？

同国の陸軍大臣はド・ラ・トゥール・デュ・パン氏である。この紳士は、他の政府閣僚と同様、革命の熱心な支持者であり、革命によって制定された新憲法も賛美している。彼の発言は、いくつもの理由で注目に値しよう。

デュ・パン氏は現職の大臣だし、軍人の経験が長い。そして彼は、フランス軍の実情を明快に語っている。氏の発言には、国民議会が軍をどう管理するつもりかという点が浮き彫りになっているのだ。

国民議会は国権の最高機関である以上、軍も議会の管轄下に置かれている。一七九〇年六月四日、ド・ラ・トゥール・デュ・パン氏は陸軍の責任者として議会で報告を行った。要旨は以下の通り。

「軍はとんでもない無秩序状態に陥ろうとしている。命令を聞かない兵士が何人か出たなどという話ではない。大人数の部隊が、全体として統制不能になっているのである。法律、王の布告、国民議会の決定などが尊重されないのはもとより、軍人としての忠誠をめぐる宣誓までが破られた。

正体不明の錯乱と狂気が蔓延したとしか思えない。数個師団の規模で、規律が緩んだり、否定されたりした例も見られる。軍隊では許されるはずのない内容の主張が、公然と、かつ露骨になされるのだ。規律は効力を失い、指揮官は権威を失った。軍の資金や旗は持ち去られ、果ては王の威厳まで（笑うな！）踏みにじられる。

将校たちには軽蔑や侮辱、さらには脅迫が加えられており、追放された者や、自分の部隊の営倉に閉じ込められた者までいる。彼らは侮蔑と屈辱にさらされ、いつ殺されるかもわからない。あげくの果て、何人もの上級司令官が喉を切られる事態まで起きた。恐るべきことに、部下の兵士の目の前で、だ。下手をすれば、ほかならぬ兵士たちの手で喉を切られた可能性まである。

状況はすでに深刻きわまりない。けれども軍に反乱の気運が高まることは、いっそう重大な結果をもたらす。遅かれ早かれ、国家全体が危機にさらされるのだ。軍隊は何らかの命令があったときにのみ行動すべきであり、決して勝手に動いてはならない――これは国家の安定を保つための鉄則と言える。

軍が独走を始めたら最後、軍内部の多数派が政治の実権を握ってしまう。表向き誰が国を治めていようと、そんなことは問題ではない。しかるに軍人支配とは、自分で自分を食い尽くすまで暴れる怪物のごとき代物ではないか。

いくつかの部隊では、兵士や下士官が審議会や委員会をつくるに至った。将校に内緒でつくる場合もあれば、命令系統を無視して公然とつくる場合もある。いままで述べてきた点を踏まえるとき、これを放置してはならない。下級軍人が開く全員参加型の集会（『選挙会』）に将校が出席したり、集会の開催を承認したりすることもあるようだが、だからといって事態が正当化されるわけではない」

フランス軍の現状に関して、この報告に多くをつけ加える必要はない。「軍の独走が始まったら、表向き誰が国を治めていようと、実権は軍内部の多数派に渡る」旨の洞察も、的確かつ賢明なものだ。しかしながら大臣は、軍人支配の弊害がどれほど致命的に厄介か、十分には認識していないと思われる。

デュ・パン氏が国民議会に述べたところによれば、軍の大部分はいまも命令に従う姿勢を保っているらしい。にもかかわらず、もっとも統制が取れているとされる部隊を視察した者の話では、それらの部隊ですら「規律がきっちり守られている」のではなく、「まだ反乱までは起きていない」というのが実情なのである。

宴会で兵士をなだめる革命派

軍が反乱しかねない！　これは国家的危機の中でも最大級のものだ。対応策としては、いかなるものが取られたか？

デュ・パン大臣は、国民議会が一致団結し、持てる権威と力のすべてを結集して軍を抑え込むことを要望している。議会が揺るがぬ決意を持って、断固たる方針を表明すれば、王が軍隊に出す布告にも重みが加わると考えているのだろう。だったら、不服従の姿勢を見せた連中にたいする厳重な処分が期待される。軍法会議はむろん、通常の裁判も行われるべきだ。

いくつかの部隊は解散させねばならないし、見せしめの処刑もやむをえない。最悪の事態を回避するためには、時として手段を選んではいられないのである。わけても兵士の目の前で司令官が殺された事件については、徹底した究明がなされねばならない。

このような措置は取られなかった。否、厳重な処分はいっさいなされなかったのだ。王の布告という形で通達された国民議会の決定を、兵士が踏みにじっている。こう知らされて議会は何をしたか？　新たな決定を下し、布告するよう王に言い渡した。

軍人としての忠誠をめぐる厳粛な宣誓が、部隊ぐるみで無視されている。陸軍大臣がそう述べたあと、議会の思いついた対処法は？　もっと宣誓をさせよう。いっそう驚愕させられるのが、兵士たちが陰謀をたくらんだり、反乱の気運を煽るかのごとき審議会や委員会をつくったり、おぞましい全員参加型の集会（「自治会」だか「選挙会」だか）を開いたりすることへの対策である。当の対策には、怠慢、贅沢《ぜいたく》、放埒《ほうらつ》、不服従などから生まれる弊害を防止する狙いもこめられているそうだが、さまざまな新発明が日夜なされている昨今でも、こんな思いつきは仰天ものと言える。

王は各連隊に手紙を送り、次の事柄について承認と奨励を与えた。兵士たちは周辺自治体のクラブや革命派連盟と交流し、宴会や余興を一緒に楽しむべし！　このおめでたい訓練、心を和《なご》ませるためのものらしい。ついでに一般民衆と飲み友達になれば、部隊内に横行する陰謀も「フランス国民全体の連帯」の前に消え去るという理屈だろう。

兵士たちが喜ぶのは疑いえない。けれども革命派の民衆とともに宣誓したり、クラブに通ったり、宴会に出たりすることによって、彼らが上官の命令にたいし、いまより忠実に従うようになるかどうかは疑問だ。軍の厳格な規律を守るようになるかどうかも、まったく怪しいものである。

民衆との交流は、兵士たちをフランス流の「良き市民」にするかもしれない。ただしそんな兵士は、いかなる基準でも「良き軍人」とは呼べないのではなかろうか。

デュ・パン大臣の展望と懸念

王のお墨付きのもと、兵士たちが自治体の宴会に参加することが、軍の規律向上に結びつくかどうかを判断するうえでも、デュ・パン大臣の報告はたいそう参考になる。ここで大臣は、地方自治体の現状についても触れているのだ。

それによれば、兵士と自治体の交流は、短期的には軍の秩序回復にプラスとなる可能性が高い。しかし長期的な展望となると、大臣は懸念を表明している。いわく、行政府は国民議会にたいして「軍の混乱が再発しないと言い切ることはできない」。

なぜか？　「王が持っているはずの軍の指揮権を、自治体が横取りしているからだ。軍の権限と、自治体の権限には、ともにハッキリした制約がある。自治体に与えられたのは、軍の出動を要請する権利のみであった。ところが各地の民衆は、国民議会の決定や意向などお構いなしに、将校を解任しては裁判にかけ、兵士に勝手な命令を下している。駐屯地から追い出したり、王の名のもとになされる行進をやめさせたりといった具合。大都市ばかりか、部隊が移動する際に通過する程度の市場町《いちばまち》までが、軍を自由に操りたがっているのである」。

こんな自治体に、兵士を立ち直らせ、軍人としての規律にめざめさせることが期待されている。兵士に勝手な命令を出す連中が、「軍人は国家の最高権力が下す命令にのみ従うように」と諭《さと》すらしいのだ！　フランス軍の病弊はかくも根深く、対策はかくも話にならない！　そして陸軍のみならず、海軍でも同じ事態が生じている。

デュ・パン大臣は、国家にたいして立派に尽くしてきた人物である。それが高齢の身になって国民議会のご機嫌を取らねばならないとは、何とも悲しむべきことではないか。青二才の政治家たちの妄想に付き合わされ、彼は白髪の頭を抱えている。

軍の規律回復をめぐる提案にしても、五十年余の人生経験を積んだ人物の発想とは信じがたい。手っ取り早く重要な地位に就きたいあまり、経験を軽んじて観念論を振り回す横着者が思いつきそうな代物だ。そんな連中にかぎって、自分の正しさを絶対的に確信しており、何でもわかったつもりとくる。

革命派が「憲法」と称してつくり上げたシステムは、あまりにも幼稚で見かけ倒しと言わざるをえない。このため、特定の分野の愚劣さに目を向けるや否や、多少たりとも関連する分野すべてについて、とんでもない欠陥や弊害が次々と明るみに出てしまう。

王の無力な立場をどうにかしようとすれば、国民議会もじつは弱体であることが浮かび上がり、軍隊の混乱を収めようとすれば、それを操りたがる地方自治体はなおメチャクチャだということが暴露される始末。

軍が無秩序に陥るようでは、社会秩序もガタガタにならざるをえず、逆に社会秩序がガタガタだからこそ、軍も無秩序に陥るのである。私は万人にたいし、ド・ラ・トゥール・デュ・パン氏の雄弁な報告（これはお世辞ではない）の精読を勧めたい。

自治体と軍の危険な結びつき

大臣によれば、自治体同士の関係がいまでも安定しているのは、軍の存在のおかげだという。平穏な自治体はしばしば力が弱く、不穏だが強力な他の自治体から略奪を受けかねない。かかる事態が予防されているのは、弱い自治体を軍が守っているためだとか。

だがフランスの自治体は「小さな独立国家」のごとき性格を持つに至ったのだ

から、自衛のために軍が必要だとなったら、当然、指揮権を欲しがるだろう。でなければ、軍の顔色をうかがうしかない。

政府がまるであてにならず、しかも自治体の権限が強化された現在、軍と自治体の関係は次の三つのどれかとなる。自治体が軍を支配するか、軍が自治体を支配するか、はたまた両者が結託するかだ。あるときは相手を支配し、あるときは支配されるというふうに、立場がコロコロ変化することも起こるだろう。状況次第では、三つの立場がゴチャマゼになることも考えられる。

いずれにしても、軍を動かせるのは自治体だけで、自治体を動かせるのも軍だけなのである。政府の権威がなくなった状態で、社会秩序をどうにか維持しようと試みた結果、革命派は破れかぶれの手に出た。

軍が勝手に行動する危険を抑え込むべく、自治体が軍を操るのを黙認したのだ。まさしく「毒を食らわば皿まで」ではないか。国家規模で軍人支配が生じるのを防ぐため、軍人に自治体をエサとして与えたという見方もできよう。

兵士たちが自治体のクラブに入りびたり、革命派のグループや連盟と付き合うようになればどうなるか？　それら民衆の中でも、とりわけ下劣で粗暴な連中と意気投合するのは目に見えている。

上官に逆らう兵士を、暴徒さながらの民衆と飲み食いさせることでなだめようとするとは、国民議会の政策は信じがたいまでに自滅的だ。政府の言うことを聞かない自治体にたいしても、軍隊を送って従わせるどころか、軍隊と結託するチャンスを与えて手なずけようと試みるありさま。

事態は悪化の一途をたどるだろう。流血の惨事は不可避となる。個々の反乱をとりあえず鎮圧することはできるかもしれないが、問題の本質的解決など望むべくもない。革命派の考案したシステムは、根底から狂っているのである。

反抗的な兵士と粗暴な民衆との交流は、「上官への服従」という軍の規律をさらに弱めるだけではない。革命を支持する職人や農民は、兵士の影響を受けることで、ますます危険になってゆくだろう。

ちゃんとした軍隊では、将校は兵士にとって絶対的な存在でなければならない。将校の言動に真剣な注意を払い、尊敬の念とともに命令を果たす、これが兵士のあるべき姿だ。しかるに現在のフランス軍における将校の条件とは、兵士の勝手な振る舞いに辛抱強く耐えることらしい。

選挙に立候補した者のごとく、兵士のご機嫌を取らないかぎり、部隊の掌握《しょうあく》はおぼつかない（訳注＝革命下のフランスでは、兵士が将校を選挙する事例が実際に見られた）。これでは指揮官の権威などないも同然だろう。たまさか命令を下す権限を確保できたとして、「有権者」たる兵士の意向に気を配らねばならないことは明らかである。

第十一章　武力支配と財政破綻

国民議会に軍は抑えられない

軍をめぐる問題について、革命派が最終的にどんな対策を講じるかはハッキリしないし、さほど重要でもない。軍と自治体との関係、自治体同士の関係、自治体と政府との関係、そして軍と政府の関係、このどれもが混乱して矛盾だらけとなっている現状では、何をやろうと効果があがるとは思えないからだ。

将校を任命する権限は、とりあえず王にある。けれども人事が確定するには、国民議会の承認を得なければならない。出世欲に駆られた人間は、誰が真の実力者なのか敏感に見抜くもの。王の人選にノーと言える議会こそ、実質的な任命権を握っていると気付くまでに、大した時間はかかるまい。

昇進をもくろむ将校たちは、かくして国民議会に取り入ろうとする。にもかかわらず、憲法上の規定により、まず王から任命してもらわないことには話が始まらない。

軍の人事をめぐるこの二重構造はどんな結果をもたらすか？　軍内部の派閥に呼応して、国民議会内部にも派閥ができ上がるだろう。そのためにわざわざ考案された制度ではないかと勘ぐりたくなるくらいである。

続いて軍内部の派閥対立が、いっそう恐るべき性格を帯びる。これは政府の安定性を根底から脅かし、ひいては軍自体も機能不全に陥らせるものだ。

王によって昇進を約束されながら、国民議会に邪魔された将校たちは、反議会の気運をつのらせるに違いない。逆に国民議会に圧力をかけてもらうことで王の人選に含めてもらい、出世を果たした将校たちは、「自分たちは議会のメンバーからは評価されているが、王には評価されていない」と感じる。当然の帰結として、彼らは王を軽んじるようになるだろう。議会に頭が上がらないくせに、昇進のチャンスをくれないとは何様のつもりか、というわけだ。

かかる欺瞞的な人事の決め方は、国民議会の権威までも傷つける。うわべだけ王に任命権を与えておいて、陰で圧力を加えるような連中に、軍がいつまでも敬意を払いつづけるはずがない。

といって、囚人さながらの王にたいし真面目に服従するはずもない。すべてを茶番として軽蔑するか、自由を奪われた王を憐《あわ》れむか、軍の反応はどちらかだ。私がとんでもない誤解をしているのでないかぎり、軍と王との関係は、フランスの政治に重大なジレンマをもたらすだろう。

だいたい国民議会のような組織が、軍を統率するうえで適しているかどうかは疑問が多い。名ばかりの王を通じて命令を下すのは論外だが、もっとまともな統帥システムがあったとしても疑わしいのである。

貴族の代表が集まるものであれ、平民の代表が集まるものであれ、議会が軍をきっちり統率できた例は、古今東西ほとんどない。議員の任期が二年しかなければなおさらのこと。王の権威はガタガタで、議会は顔ぶれがコロコロ変わるとなれば、軍上層部には反乱と分派抗争の風潮が台頭するだろう。

これを収拾する方法は一つ。兵士の尊敬を勝ちうる人望と、指揮官としての立派な手腕をあわせ持つ将軍が出現し、軍の主導権を掌握することだ。そうなれば軍は、当の将軍にたいする個人的な忠誠心でまとまる。

現状を踏まえるなら、軍の反乱を抑え込む手はほかにない。ただしこの場合、軍を掌握した人物こそが、フランスの真の支配者となる。王の上に立ち（だからどうしたと言われそうだが）、議会の上にも立ち、共和国全体に君臨するのである。

もはや誰もが反乱を起こす

軍隊を従わせるため、国民議会はどんな手段を使ったか？　ハッキリ言おう。主な手段は、将校への反抗を兵士にうながすことであった。のっけから一番とんでもない方法を使ったのだ。

「フランス軍の将校は、兵士の選挙によって決められるべきではないか？　将校全員と言わずとも、少なくとも一部は？」――国民議会でこのような議論がなされ、それなりの支持を得ていると、兵士はすでに知っている。ならば兵士たちも、自分たちにもっとも都合のいい主張を唱え出すのは想像に難くない。

幽閉された王に指揮されるなどまっぴらだ、そう彼らは考えるだろう。フランスには現在、国軍とは別に、もう一つ軍隊が存在する。われわれはその連中とも、酒食の席で連帯しているものの、向こうは「自由な憲法下の自由な軍隊」と見なされているではないか。

「もう一つの軍隊」とは、各自治体が組織した部隊のことである。組織の安定性にかけては、いまや国軍にも優るようだが、こちらでは指揮官が実際に選挙で決められている。自分を指揮する者を選ぶ、これも人権の一部だとすれば、なぜ国軍の兵士には同じ権利が与えられないのか？

治安判事、裁判官、教会の司祭、司教、自治体の議会、パリ市民軍司令官、いずれにも公選制が導入されている。国軍が例外とされる根拠は？　フランス国民の中で唯一、勇敢なる兵士たちだけは、各将校の軍人としての資質や、指揮官としての才覚を正しく判断する能力を欠いているというのか？

兵士を責めることはできない。彼らの振る舞いは、明白な手本に基づいている。革命派の決議、行動、主張、はたまた宗教や政治のあり方をめぐる理論などを熱心に学んで応用しているだけの話。けれども国民議会は、「自由や権利は万人のもの」と謳っておきながら、人々が自由や権利をどれだけ行使するかは、好きなように制限できると思っているらしい。

現在のフランスにおいて、政府は軍隊なしには機能しえない。普通の社会なら、「政府には従うべきだ」という通念や慣習が存在しており、人々は本能的にそれを受け入れる。ところが革命派は、このすべてをメチャメチャにぶち壊してしまったのだ。

国民議会と自治体の間に少しでも対立が生じたら最後、実力行使に訴える必要が生じる。かわりの解決手段は何も残されていない。というより、革命派は他のあらゆる手段をみずから投げ捨てていったのである。

軍を活用し、力づくで国を治めるしかない。おまけに革命派は、軍隊のみならず、フランス国家全体に「支配体制の否定」という原則を吹き込んだ。これが回り回って「革命派がつくろうとしている支配体制の否定」にまで行き着くのは不可避ではないか。

民衆が最初に蜂起したとき、革命派は「軍が市民に発砲することは許されない」と満天下に宣言した。わずか一年前の話にすぎない。にもかかわらず、いまや王は革命派からこう指示される。国民議会の決定に従わない人々を軍隊で鎮圧せよ。

フランスの植民地では、「自分たちも憲法を制定し、本国の意向にとらわれず自由に貿易を行う権利がある」という主張が高まるだろう。制圧するにはまた軍隊だ。そして植民地が本国に歯向かえば、現地の原住民とて反乱を起こすに違いない。

またもや軍隊！　殺戮、拷問、処刑の嵐！　これが人権とやらの中身だ！　いい加減な観念論をぶちあげておいて、あとから恥ずかしげもなく撤回しようとすれば、かくも悲惨な結果を招くのである！

つい先日、フランスのある地方で、農民たちが地代の一部について支払いを拒否した。これにたいする国民議会の決定は次の通り。

「地代や年貢に関しては、議会が『不当』と見なして廃止したものを除き、すべて支払われねばならない。さもなければ王に命じて軍隊を派遣する」(訳注＝革命勃発直後の一七八九年八月、国民議会では封建的な権利の廃止が謳われた。ただし革命派にも地主が多かったため、地代や年貢の大部分は、事実上なくならなかった)。

封建制は野蛮な専制支配であり、憎むべきものとして全否定される。革命派は民衆にこう吹き込んでおきながら、「野蛮な専制支配」が実質的に存続するのを黙って受け入れろとも説く始末。いままでの社会がいかに抑圧的だったか、さんざん力説するくせに、ほんとうには是正する気などない、民衆はそう見抜くだろう。

農民は革命派の論法につけ込んだ

地主制度は、ほぼ全面的に封建制を起源とする。こんなことは民衆でも知っている。野蛮な征服者が、土地を本来の所有者たる農民より奪い取り、同じく野蛮な自分の部下たちに分け与えたのだ。地代や年貢は、疑問の余地なく、かかる征服行為の憎むべき産物にほかならない。

現在の農民は、ほぼ確実に、土地を奪われたかつての農民の子孫だろう。これが所有権を主張する根拠として不十分だというなら、さらに「人権」という切り札もある。人間はみな平等のはずだ。恵み深い母なる大地が、少数の人間のプライドを満たしたり、彼らが贅沢な暮らしをしたりするために独占されるなど許されようか？

地主も人間なのだから、農民より上ということはない。いや、額に汗して働いていないとすれば、農民以下の存在である。大地とともに生き、それを耕す者こそ、土地の真の所有者なのは、自然の法則に照らして明らかだ。

自然を相手取って、「長年にわたる地主としての権利」を主張するなどバカげている。地主と農民の間に（よしんば）何らかの合意が交わされていたとしても、当時の農民が隷従に甘んじていたのを思い起こすなら、その合意は地主側によって強制されたものにすぎない。ゆえに「人権」が取り戻されたあかつきには、当の合意も効力を失う。古くさい封建制のもと、貴族が勝手につくり上げた取り決めなど、革命後のフランスではことごとく無効となるのである！

むろん屁理屈だ。しかし革命派は、こういった論法にお墨付きを与えたはずである。にもかかわらず、同じ論法を農民が使うと、ふざけるなと怒り狂う。「四の五の抜かすと、衛兵、竜騎兵、軽騎兵を送り込むぞ！」と叫び出す。

つまりは王の権威を持ち出して屈服させようという話だ。けれどもこの権威、革命派自身によって骨抜きにされている。現在の王は、国民の生命・財産はおろか、自分自身を守ることすらできない。できることといえば、破壊を命じることだけ。

農民はこんなふうに応じるだろう。特権階層など存在しないとわれわれを啓蒙してくれたのは誰だ？　選挙で決められたわけでもない王に、ひれ伏す理由がどこにあるか。

従来の土地所有のあり方が、封建的な特権や爵位を維持するためのものだということくらい、教えられなくともわかっている。ならば封建制を否定した革命政府が、なぜ地代や年貢だけは残すのだ？

パリの革命派ブルジョアは、クラブで集会を開いたり、暴徒や民兵を使ったりすることで、国民議会を自由に動かしている。彼らの意向が、そのまま議会で法律として定められ、こちらに通達されるしかけだ。議会を利用することで、ブルジョアはわれわれを好きなように搾取《さくしゅ》する。

勤勉な農民が、地代や年貢について表明する不満に、どうして耳を傾けないのか？　これは死活問題である。偉ぶったブルジョアの声に応えて、貴族の称号を廃止したところで、誰の腹も一杯になりはしない。ところが議会は、われわれの切実な要求より、ブルジョアのどうでもいい要求のほうを重んじる。

対等なはずの相手にせっせと貢がされるのも人権のうちなのか？　今回の革命が起きるまでは、われわれも「地主と農民では身分が違うのかもしれない」と思っていた。長年の慣習のせいで、地主を尊敬する気持ちが備わっていたのだが、いまやそんな感情は完全に吹っ飛んでいる。

伝統的な特権階層をさんざん貶める法律を制定したからには、国民議会もそうなることを望んでいたとしか思えない。地主にたいし、昔ながらの敬意を表すのを禁じておきながら、地代や年貢を払わないとなるや、軍隊を繰り出すとは何事だ。

サーベルや銃剣をふりかざして、恐怖と暴力で屈服させるつもりか？　革命前はわれわれも「地代を払うのは道理だ」という通念を素直に受け入れていたのに。

武力による支配の限界

まともな理性を持った者なら、前節の主張のあちこちに、おぞましいまでのナンセンスを見出すだろう。だがフランスでは、観念論にかぶれた革命派が屁理屈で国を動かし、社会を崩壊へと追いやる制度を築こうとしている。彼らにとっては、こんな主張が「道理にかなった説得力ある議論」になるらしい。

もとより農民の権利だけを問題にするのなら、国民議会のリーダーたちは、貴族の爵位や紋章のみならず、地代や年貢も廃止すべきだった。「封建制の否定」を目標にするかぎり、それこそ論理的に一貫した行動と言えよう。ところが革命派は、没収によって膨大な土地を手に入れたばかりとくる。

問題の土地は、市場で競売にかけられることになっていた（訳注＝この点については第六章を参照）。しかし農民が革命派の真似をして、自分たちの権利を唱え出したら最後、市場は完全に機能しなくなる。いまのフランスでは、いかなる種類の資産であれ、革命派が暴利をむさぼるのにプラスとなるものだけが保護されるのだ。どの資産が価値を保ち、どれが二束三文になるか、彼らの思惑一つで決められる。

こんな勝手が許されるとなれば、従来の原理原則はすべて効力をなくしてしまう。各地の自治体にしても、「支配体制の否定」が正義である以上、中央政府に従ういわれはないと判断するだろう。フランスから離脱して独立を宣言してもいいし、他のどこかの国の一部となってもいいという話になりかねない。

リヨン市の人々は最近、税の支払いを拒んだと聞く。何が悪い？　課税を正当化するに足る権威など、いまのフランスに残っているのか？

いくつかの税は、王の名のもとに徴収されてきた。もっと古い税は、身分制議会である三部会によって定められたものだ。リヨン市民は、国民議会にこう言うだろう。

「諸君に徴税の権限があるのか？　諸君は王でもなければ、われわれが選んだ三部会でもない。各身分の代表として選出されたときとは、主義主張も変わっているではないか（訳注＝革命直前のフランスでは三部会が召集され、それが改編されて国民議会となった）。

旧政府が定めた税など、いくら諸君が取り立てようとしても、革命勃発いらい誰も払っていない（訳注＝一七八九年の夏には、各地で税関の襲撃が発生した）。しかも諸君は、こういった反乱行為を『封建制の否定』として肯定した。ならばわれわれにも、どの税を払い、どれを払わないか決める権利がある。この権利の行使について、革命派は承認したはずだろう？」

国民議会の返事はこうだ。「黙れ、軍隊を送るぞ！」。

かつての王政において、軍の派遣は言うことを聞かせる最後の手段だった。ところが革命政府ときた日には、最後の手段に最初から訴えねばならない。

武力による全国支配も、しばらくは機能するだろう。うわべの額面だけでもいいから軍人の俸給を引き上げ、「自分たちがいなければフランスはどうにもならない」という自尊心をくすぐることだ。ただしツケは必ず回ってくる。しょっちゅう銃を振り回していれば、いずれ暴発するのは避けられない。

国民議会は、政府への反乱を国家規模で奨励しているようなものだ。民衆にも軍人にも、「既成秩序に従ってはいけない」と教え込み、くだんの風潮を後押しする制度をつくり上げる。そして民衆が手に負えなくなったらどうするか？　やはり手に負えなくなった軍隊を送って屈服させるのである。

国軍が暴走する危険性は、自治体の軍を使って抑え込めばいい、いまや革命派はこう考えるに至った。こちらの軍隊、それ自体としては構成も単純で、特筆すべき点もない。

王や国家とは関係のない、民兵の集まりといったところ。武器の配備、訓練、部隊編成などは、各地域で自主的に行われている。徴兵したり、兵役免除のかわりにカネを取り立てたりするのも自治体だ。

だが問題はここからである。自治体の軍が、王、国民議会、司法機関、ないし国軍と結託したらどうなる？　あるいは各自治体の部隊が結束して、全国的な組織をつくり上げたら？

そんなことが起きた日には、フランスは巨大怪獣に襲われたも同然になる。とんでもない破壊に見舞われたあげく、国家存亡の危機に瀕するに違いない。

財政健全化は国家の根本課題

議会、行政府、司法制度、軍隊、およびそれらの関係をめぐるコメントはこんなところだが、今度は財政について述べたい。すなわち国の歳入を確保するうえで、革命派はいかなる実績をあげたか、である。

恐れ入ったことに、この分野に関して披露された手腕は、いままで取り上げたあらゆる分野と比べても、いっそうお粗末なものだった。政治家としてのセンスもなければ、経済の実務的な才覚もない。

革命直前に開かれた三部会では、歳入の改善が大きな議題となった。税収を増やす一方、人々の負担が重すぎたり、不公平だったりすることがないように配慮し、国家財政の基盤を健全化しようということである。これが達成されるかどうかは、フランスの命運を左右する事柄にほかならず、ヨーロッパ全体が大きな期待を寄せていた。

（訳注＝二二二〜二二三ページの訳注で述べた通り、このような健全財政論は商品貨幣論を前提としており、信用貨幣論を基盤とする現代貨幣理論においては否定される。この理論において、政府の貨幣発行能力には限界がないため、負債を自国通貨建てで抱え込み、かつ為替に変動相場制を採用するかぎり、債務返済ができなくなって財政が破綻することはありえない。したがって税収も、財政の基盤をなすものではなく、インフレ率の調整手段にすぎなくなる。

ただし実体経済の供給能力が増えないまま、政府が貨幣を発行しつづければ、物やサービスに比してカネが過剰に出回ることになり、インフレが加熱する結果を招く。革命後の通貨アッシニアは、一七九〇年代半ばにはほぼ無価値となったものの、これも経済の供給能力に比して、あまりに多くの量が発行されたせいだった）

私に言わせれば、財政健全化の成否こそ、三部会に集まった議員たち、とくに大物議員の力量と愛国心を計る最高のバロメーターと見なしうる。国家の歳入は、とりもなおさず国家そのものだ。国のあり方を保守するのであれ、あるいは改革するのであれ、歳入なしには何も始まらない。

しっかりした財政基盤に支えられてこそ、国家はちゃんと機能し、その役割を果たすことができる。善行をなすにも元手が必要なのだ。公共の利益となるような政策をどこまで実践できるか？ 政治に活力を吹き込み、国民を導くべき立場の者が、おのれの誠意をどこまで発揮できるか？ すべては健全な歳入の有無に左右される。

寛大で自由、慈悲深くも剛毅。良い政治はこうあらねばならない。あわせて時代の先を読み、学芸全般の振興に努めることが求められよう。豊かな歳入は、これらを実現するための糧《かて》である。

のみならず、歳入をどう使うか決めるうえでは、禁欲、克己《こっき》、勤労、自制、倹約といった美徳が大きくかかわってくる。安易な欲求に負けない精神を養うことこそ、財政にたずさわる者の本領といっても過言ではない。

財政の理論や実践をめぐる学問が、一般人はむろんのこと、トップクラスのエリートにまで重視されるのは、もっともな理由があってのことなのだ。この学問を究めるには、幅広い教養が欠かせない。そして商業や工業が発展するにつれ、財政への理解も深まっていった。

国家の歳入は増え、社会はしばしば繁栄と向上の道をたどった。歳入が莫大であればあるほど、賢明に使わなければたいへんなことになる。そのためであろう、専門家たちは現行の制度に問題点がないか気を配り、国を富ませる方法論を練り上げてきた。

表面的に歳入が増えようと、さまざまな変動要因を調整してみれば、実質的な収支が変わらないことはありうる。しかしそんな場合でも、過去と比べ、国は豊かになっていることが多い。財政理論の発達のおかげで、歳入をより効率的に使えるからである。

歳入は一年間で激減した

以上を踏まえて、フランス国民議会の財政政策を検討したい。従来の歳入の一部については、彼らは今後も大事に維持・管理してゆくことに決めた。

その一方、廃止すべき点や変更すべき点も見出したようだ。革命派の鼻息の荒さを思えば、評価基準もうんと厳しくすべきなのかもしれないが、ここでは「できて当たり前のことができているかどうか」のみにこだわり、完璧さを要求する真似は控えておこう。

良い財政政策の条件は何か。

(1)十分な歳入を確保すること
(2)課税にあたっては、公正と平等を心がけること
(3)ムダな支出を避けること
(4)借り入れを行わねばならないときは、国家の信用が揺らがないよう、短期的・長期的な対応を整えておくこと

以上四つである。わけても、借り入れをめぐる事実の隠蔽やゴマカシは禁物だ。償還までの計画をきちんと提示し、無理な点がないことを証明するのが筋と言える。

このチェックリストに沿って、国民議会の力量を手早く検証してみよう。財政

の舵取りという大役を引き受けた革命派は、評価に値する結果を出せたか？

まず歳入。これは増えるどころではなかった。国民議会の財務委員会メンバーであるヴェルニエ氏が、一七九〇年八月二日に提出した報告書によれば、フランスの歳入は革命前に比べ、二億リーブル、つまり八〇〇〇万ポンドも減少している。優に三分の一以上も減ったのである！（訳注＝ただしヴェルニエ自身は、これを「国民の税負担が軽くなった」という形で肯定的に評価したとされる）。

かくも激しい歳入減が「革命の偉大な成果」だとするなら、たしかに革命派は偉大だ。財政担当者の手腕が、ここまで見事に発揮され、圧倒的な実績をあげた例はなかろう。たんに愚かなだけでは、こんな芸当はできない。無学ゆえの能力不足や、ありきたりの職務怠慢を加えたところで、とうてい追いつかない。

汚職、腐敗、公金横領。まだ足りない。これほど短い期間のうちに財政が破綻し、国がとことん疲弊するなど、たとえ侵略を受けたとしても起こるはずがない。

革命派よ、ひとつ聞かせてくれたまえ。諸君はいったいどうやって、偉大な祖国をあっという間に台なしにすることができたのだ？

塩の専売、かく崩壊す

革命派はいい加減な理屈をこねまわし、声高に叫ぶことを得意とする。国民議会が開かれるや否や、彼らは従来の歳入システムを批判し始めた。おまけに塩の専売制度のような、もっとも肝心な点にケチをつけたのである。

塩への課税は、負担が重いうえに不公平なため（訳注＝バークが後述する通り、フランスには塩税が課される地方と、そうでない地方があった）、うまく考案されたものではない。けれども革命派は、ならばどうするのかという代案を用意することなく、批判だけをぶちあげた。

「塩の専売は不当だ！」。裁判官が刑を宣告するような調子で、重々しく決議がなされる。決議の内容はフランス全土に広まる。ところが同時に、国民議会はこんな命令も下す。「新たな歳入の手段が見つかるまで、この不条理で不公平な重税を今後も納めるように」。

結果は火を見るより明らかだった。塩税をずっと免除されてきた地方の人々が、

「塩の専売に悩まされてきた地方の負担を軽くするため、全国一律の新税を導入しよう」などという提案に賛成するわけがない。塩税を取られないかわりに、同じくらい重い別の税を課せられてきた地方も多いのだ。

国民議会は国民議会で、人権を高らかに宣言したり、あるいは踏みにじったりするのにテンテコ舞い。ついでにフランスをメチャクチャにするという大仕事まで抱えている。新税を具体的に考案するとか、課税基準の公平化を図るとか、従来よりも負担の重くなる地方と、負担の軽くなる地方のバランスを取ってゆくとか、そんなことをする余裕も能力も持ってはいない。新たな税負担を受け入れさせる権威も、あったらお目にかかりたい。

塩税を課されている地方の人々はどうか。みずから不当と断罪した税を、なお納めるよう命令する政府に、彼らはあっさり愛想を尽かした。物事を全否定する力量にかけては、自分たちだって国民議会に引けを取らない——そう判断した人々は、ずばり納税をやめてしまった。

この手本に刺激されたか、フランスの各地方、さらにはそれぞれの地方を構成する諸地域までが、税負担が重いかどうか勝手に決め始める。いまや税金は、「気が向けば納めるもの」となったのだった。

「愛国」税制の浅ましさ

次のチェックポイントは、公正で平等な課税の達成だ。これは人々の所得に応じていなければならず、また生産活動のための資本を圧迫してはならない。経済が発展しなければ人々は豊かにならず、税収が増えるはずもないからである。

しかるにフランスでは、税の支払いを拒否する人々が続出しており、ある地方が丸ごと納税をやめてしまった例まで出た。かくして税制は、革命前より公平になるどころか、恐ろしく不公平なものと化す。

政府に従順な地域、秩序が良く保たれている地域、あるいは国のために尽くそうとする意欲を持った地域に、税負担がすべて押しつけられたのだ。まったく、弱体な政府ほど身勝手で不公平な振る舞いをするものはない。

国民議会は「愛国の自主納税」とやらも呼びかけた。市民は収入の四分の一を進んで国に納めてほしい、ただし金額計算については各人の善意を信頼して任せる、とのこと。こんな呼びかけで金が集まるものかと言いたいところだが、フタを開けてみるとそれなりの納付があった。

もっとも革命派が、図々しくも期待した額には程遠い。それどころか最低限必要な額にすら達しないありさま。おかげで「自主」という化けの皮がはがれ、革命派はこの納付を義務化する方法はないかと（実現の見込みは薄いが）検討を始めている。

「愛国の自主納税」は、弱体な政府が産み落とした難病の子供にもたとえられよう。骨が弱いことといったら、歩行さえおぼつかない。しかもこの子供には、なんと双子の兄弟までいるのだ。

「貧乏人の子だくさん」ならぬ「愚劣政府の政策だくさん」ではないか。愛国的な納税でも足が出るぶんは、愛国的な献納で補おうときた。王室からは宝石類を、教会からは銀の皿を、一般の人々からは装飾品を取り上げようという次第。

自由の担い手になったつもりでいる革命派の青二才どもは、この献納を画期的名案と見なしていることだろう。しかしじつのところ、彼らは専制君主のやり口を安っぽく真似したにすぎない。支配力の衰えた暴君は、いろいろ浅ましい手を使い出すものだが、国民から貴金属を巻き上げるのもその一つなのである。

私の記憶が正しければ、ルイ十五世も同種の方法を試みた。ご多分にもれず、効果はあがらなかったものの、当時の財政が戦争によってひどく逼迫していたのを思えば、まだしも理解できる。非常時に賢明な政策を取れる者は少ない。

片や近年のフランスは、ずっと恵まれた状況にあった。安定した平和が五年も続き、それが脅かされる気配はまるでなかった。にもかかわらず、革命派はこんなギリギリの手段を使ったのだ。自分たちの置かれた立場がまるでわかっていないか、あるいは完全な力量不足か、どちらかだと言わざるをえない。

今回の献納や納税に、よしんば多少の効果があったところで、同じ手は二度と使えなくなる。「愛国」を旗印にしようと、国民はそこまでお人好しではない。要するに革命派は、当座の資金さえ集めることができれば、長期的な歳入の見通しはどうでもいいという態度を取っているのである。

ネッケル氏（訳注＝当時のフランス財務総監。「愛国の自主納税」は彼が提案したものといわれる）は先日、財政をめぐる報告書を作成した。報告書は革命派の政策を肯定する立場に基づいており、一七九〇年いっぱいについては、やりくりに自信を見せている。

もっともその後の展望については、さすがのネッケル氏も懸念を表明した。常識で考えれば、彼の懸念が妥当かどうか検討し、財政破綻を未然に防ごうとするのが道理だろう。ところがネッケル氏、国民議会の議長から、よけいなことを言ってもらっては困るとたしなめられたのだった。

支出の効率化も達成されず

他の税制政策については、まだ実行に移されていないため、明確な評価はできない。ただし革命派の無能ぶりによって、国家の歳入に大穴があいてしまった現在、いかなる楽観論者といえども、これらの税収が焼け石に水だと認めざるをえなくなっている。

金貨や銀貨は、国庫から日々なくなってゆく。かわりに増えつづけるのは、見せかけの価値しか持たぬ虚構のカネばかり（訳注＝アッシニア新紙幣のこと。ただしこれは典型的な商品貨幣論の発想であり、現在の貨幣観では正しくない）。フランスの通貨は、国内でも海外でも紙切れに化けつつある。

それは繁栄ならぬ窮乏の象徴にほかならない。金貨や銀貨が豊富にあるから、紙幣をどんどん発行しても大丈夫という話ではないのだ。独裁的な権力を握ったのをいいことに、なりふりかまわず紙幣を刷りまくっているだけの話。

すると革命派は、イギリス経済が繁栄しているのも、紙幣が大量に流通しているおかげではないかと言い出す。この議論は本末転倒の錯覚にすぎない。商業が栄え、通貨の信用が揺るがず、権力によって虚構のカネを押しつけるような真似をしないからこそ、わが国はそれだけの紙幣を発行できるのである。

イギリスでは、わずか一シリングの支払いであろうと、紙幣では受け取らない自由が保証されている。あらゆる紙幣の価値は、対応する金貨や銀貨の存在に基づいており、お望みとあらば、これらの貨幣といつでも交換できるのだ。

「なるほど！　だが善良で賢明な国民議会は、従来のムダな支出をなくし、財政を効率的なものにした。歳入の減少も、それで埋め合わせがつく。少なくともこの点では、彼らの財政政策を評価すべきである」――こう主張する者もいるだろう。

とはいえ革命派が緊縮財政を取ったと信じている諸氏は、国民議会の経費をチェックしてみたか？　各自治体や、パリ市の歳出についてはどうだ？

二つになった軍隊（訳注＝国軍と自治体軍）を維持するための費用は？　軍人の俸給は引き上げられたのではなかったか？　新しい警察組織や、司法制度のために必要となるカネは？　それどころか、年金受給者への支払いの総額すら、革命前より増えているのではないか？

革命派の振る舞いは、理不尽で冷酷でこそあれ、まったく効率的ではない。かつての王政は浪費を重ねたとされているものの、旧政府の収支バランスと、現在の政府の収支バランスを比較してみたまえ。自信を持って断言するが、革命派のほうがはるかに無駄遣いをしているという結果が出るだろう。チェックリストの第三項目、支出削減についてはこんなところ。

いまのフランスに信用などない

最終項目は、借り入れを行うにあたって、国家の信用を守るべく、革命派がどんな手腕を見せたかだ。ここで私はいささか途方に暮れる。守るも何も、まともな意味での信用など、いまのフランスには皆無なのである。

革命前の政府とて、信用が万全だったわけではない。だとしても彼らは、条件面で譲歩しさえすれば、いつでも内外から金を集めてくることができた。経済的に繁栄しているヨーロッパ諸国の大半が、当時、フランスへの融資に応じている。旧政府の信用はたえず高まっていたし、フランスの政治が自由主義的なものになれば、その傾向はいっそう強められただろう。

ひきかえ、口先だけで自由を連呼する現在の政府はどうだ？　連中の発行する紙切れに基づいた取引に応じようとする国があるか？　オランダ、ハンブルク、スイス、ジェノア、イギリス、どこにもありはしない。

教会から没収した資産さえあれば、どんな支払いにも困るはずがない。こんな狂信的な思い込みのせいで、革命派のペテン師どもは、健全な財政運営の必要性を見事に無視している。ちょうど錬金術にハマったアホな連中が「賢者の石」(訳注＝普通の金属を黄金に変えたり、寿命を延ばしたりする力を持つと信じられた物質)を追い求めたあげく、スッカラカンになるのとそっくりだ。もっとも革命派の妄想に比べれば、錬金術すら説得力や現実味の点で上なのだが。

パリの紳士諸君にとり、「神を心から信じれば救いがもたらされる」というのは迷信の部類に属するのだろう。けれども「神をとことん冒瀆すれば豊かな財源がもたらされる」ことについては、信じて疑わないらしい(訳注＝二二一〜二二三ページの訳注で述べたように、アッシニアは当初、革命政府が没収した資産、わけても教会の土地を購入するための債券だった。これら膨大な資産の売却は、神への冒瀆かもしれないが、アッシニアの価値を保証するので、豊かな財源をもたらすという次第である)。

負債で首が回らない?　ではアッシニア紙幣を刷ろう。終身の役職を奪われたり、地位を追われたりした人々にたいし、補償金や生活費を支給する必要がある?

アッシニアだ。海軍の艦隊を艤装《ぎそう》する費用は？　ほれ、アッシニア。

一六〇〇万ポンド相当のアッシニアを刷って人々に押しつけたはいいが、国家財政は破綻したままだって？　ある者は言う、ならば三〇〇〇万ポンドのアッシニアを追加で刷ろう。別の者は言う、いや八〇〇〇万ポンド刷ったほうがいい。財政政策をめぐって生じる意見対立ときたら、発行するアッシニア紙幣の量に関するものだけなのだ。

メチャクチャな観念論が横行する国民議会にあっても、まともな判断力や経済知識を持つ者がいないわけではない。ひたすらアッシニア紙幣を刷りまくる政策の危険性を、彼らは雄弁に指摘する。にもかかわらず、そのような者ですら、結局は「もっとアッシニアを発行すべし」という結論に至ってしまう。

いくら失敗を繰り返しても、革命派はさっぱり懲《こ》りない。これまでに発行したアッシニアの価値が市場で落ちた。さあどうする？　新しいアッシニアの発行だ。

頑迷な石頭が、自分の間違いをどうしても認めない。治療法は？　アッシニアを刷るんだよ！　それが効かなきゃ、またアッシニア、何が何でもアッシニア！

（訳注＝モリエールの喜劇『病は気から』の台詞《せりふ》のもじり。原文はラテン語）。

――言葉はちょっと変えておいた。古典喜劇に出てくる医学生に比べれば、革命派の博士たちのほうがラテン語を上手に操るようだ。ただし知恵がなく、処方箋がバカの一つ覚えという点にかけては、両者はいい勝負である。

終章 フランス革命が残した教訓

土地没収の収支は赤字だった！

通貨の信用を支える基盤として土地を使う。この手法は、どんな状況下で試みられようと、まず成功した例《ためし》がない。「土地銀行」の行く末は、破綻と相場が決まっている（訳注＝土地を主とした没収資産の購入をめぐる債券として考案されたアッシニアが、「没収資産の売却で得られるはずの歳入によって、価値を保証された貨幣」に変化したことを指す）。

だが国民議会に常識は通用しない。財産権の保障という道義上の原則を踏みにじり、教会の土地を無理やり没収した彼らは、さらなる不可能への挑戦を始めた。だとすれば、せめて破綻を回避する予防策くらいは抜かりなく取っているものと期待したいところだ。没収した土地の実情を率直に公表し、買い手の信頼を強めることで、できるだけ高値で売却できるよう努めねばならない。

好意的に解釈するなら、現在の革命派が置かれた立場は「負債の返済、および生計維持のため、土地を処分したがっている大地主」にたとえられよう。しかしすぐには売却できないので、それを抵当にして金を借りようと考えたわけである。

この地主、人柄は誠実で、そこそこの分別も備えているとする。彼がすべきことは何か？　まずは地価の計算だ。次に管理や売却にかかる経費を割り出す。問題の土地に関し、どんな権利が設定されているかも調べねばならない。一時的な権利もあれば、永続的なものもあるだろう。

上記の経費や権利に関する調整が終わらなければ、土地のほんとうの価値は明らかにならない。これらの計算結果（すでにカネを貸している者にとっては唯一の頼みの綱だ）を確定させ、管財人に託すのが大前提ではないか。そのうえで、処分する土地を具体的に指定し、取引の時期や条件を定める。

以上のすべてをすませて、はじめて負債返済のかわりに土地の権利を譲渡するとか、土地の購入を考えている者から手付金としてアッシニアを受け取るとかいうことになるのだ。そうやって合理的な手順を踏むのでなければ、まともな取引とは呼べない。経済的な信用とは、公私を問わず、ここで述べた原則を踏まえて成り立っている。

「土地銀行」はただでさえ評判が悪い。したがって革命派は、没収した土地の真価について、隠し立てすることなく正確に明かす必要がある。売却の時期および条件、売却が行われる場所などについてもしかり。

だいたいこの件に関し、彼らは議会で誓約しているのだ（訳注＝一七九〇年四月、国民議会は「没収した土地の売却を円滑に行うべく、毎年の予算案を公示するにあたっては、教会の維持費、聖職者への俸給、各種の補償金・年金など、関連した経費の総額を明記する」という趣旨の決議を行った）。誓約を守るかどうかは、「土地銀行」が誠実に運営されるかどうかの試金石と言えよう。

土地を売却するには真価を確定せねばならず、ゆえに関連経費を算出しなければならない。これはただちになされるべき作業である、革命派はそう認めた。で、作業はただちになされたか？　いや、ゆっくりであってもなされたのか？

他方、先の決議が行われるや否や、経費の算出を待つことなしに、一六〇〇万ポンドのアッシニアが発行されている。紙幣の価値を保証するのは、美辞麗句で飾られた決議文のみ。じつにご立派ではないか。かくも芸術的なやり口を目の当たりにしたあとでは、革命派は財政の天才、ないし紙一重《かみひとえ》の集まりだと、誰もが納得することだろう。

「そう言わないでくれ。少なくとも、さらなるアッシニア発行の大盤振る舞いを続ける前に、決議の内容はちゃんと実行されたのだから！」

ほんとうか？　土地の真価であれ、関連経費であれ、算出結果が公表されたという話は聞いたことがない。

そして彼らはついにボロを出す。教会の土地を使って財政の信用を保つというのが、とんでもないペテンにすぎなかったことを満天下にさらしたのである。革命派は泥棒を働いたうえ、盗品をめぐってサギまでやらかそうとした次第ながら、天罰てきめん、別の事柄に関してなされた試算によって、ぜんぶパアになってしまった。

問題の試算は、国民議会の委員会が提出した報告書の中に登場する。ガタガタになった教会組織を維持するための経費や、宗教関係のその他の経費、および聖職者や修道僧、尼僧に支払われる俸給や年金を、諸々の付随経費と合わせて計上したものだ。

教会の土地を没収しなければ、こんな支出はそもそも生じなかったのだが、なんと！ それらの支出は、取り上げた土地から得られる収入を、年額で二〇〇万ポンドも上回っていた。あまつさえ、七〇〇万ポンドを超える負債まで別に出てくる。

サギ師の計算とはこういうものだ！ 観念論で国家財政をどうにかしようとするから、かくも悲劇的な結果になる！ 革命派はあわれな民衆をたぶらかし、反乱、殺戮、冒瀆へと駆り立てたあげく、祖国の破滅に加担させた。一連の妄想が行き着いた果てこそ、この試算結果にほかならない。

いかなる国家も、国民の財産を没収することで繁栄するなどありえない。財政に関する「実験的新政策」は、革命派の他の実験同様、まことに惨憺《さんたん》たる成果をあげた。不正な政府は早晩行き詰まり、略奪で豊かになろうとすれば報いを受ける。誠実さを重んじる者、自由と人間性を真に愛する者は、誰でも今回の顚末を喜ぶことだろう。

革命派はツケを払えるか

国民議会は、終身の役職を得ていた人々からも、その地位を取り上げた。これらの人々には補償をしなければならない。財源となるのは「打ち出の小槌《こづち》」ならぬ、没収した教会の土地のみ。

当の土地に、関連経費や負債を差し引いたあと、なお黒字を出せるだけの価値があったとしても、革命派が新たに課したツケは大きい。解体された旧司法府をはじめ、公職を剥奪されたり、地位を奪われたりした者へのいっさいの補償が、ここから支払われることになるのだ。補償金の総額がいくらになるかはわからないものの、数百万リーブルの規模に上ることは間違いない。

ツケはまだある。最初に発行したアッシニアをめぐる債務の利子、年額四八万ポンド（訳注＝一八八ページの訳注で述べた通り、初期のアッシニアには利子がついた。利率は五パーセントだったが、一七九〇年四月には三パーセントに引き下げられ、同年九月には利子そのものが廃止される)。これは(革命派が約束を守るとしての話だが)日々返済されねばならない。ついでに教会から取り上げた土地を、各地の自治体を通じて管理する経費がいくらになるか、正直に公表したことがあるのか?

こういった支出は明らかに負担だ。けれども、真に問題とすべき経費は他にある。中央政府、および各種自治体を維持するための支出だ。革命派はその総額をきちんと算出し、国家の歳入と比べてみたか?

赤字が出るたび、ツケは没収された土地に回ってくる。くだんの土地を購入したところで、えんえんたる清算が終わるまでは、片隅にキャベツを植えることすらできない。しかも国家財政の支えとなるものは、これ以外に存在しない。フランス全体が教会の土地に寄りかかることで、かろうじて崩壊をまぬかれているありさま。

革命派の財政政策には、どこを取っても、誠実なやりくりの持つ健全さがない。サギとしても三流以下だ。一流のサギ師は、鮮やかなまでに巧妙な手並みを披露するものだが、彼らの手並みはぶざまもいいところ。

サギの大洪水で財政難を乗り切るというやり口については、国民議会内部でも反対論が見られた。これらの批判にたいし、革命派の指導者はまともに答えようとしていない。しかし反対論者たちは、一〇万におよぶ街頭の投資家——つまり革命で利益を得られると信じ込んでいる民衆によって完全に沈黙させられてしまった。

観念論に取り憑かれたままソロバンをはじくと、これで帳尻が合ったような気になるらしい。いまのフランスでは、暴徒の数を根拠として国家の経済的信用が算出される。カネを集めてくることができなくとも、革命集会が開ければよしとするわけである。

暴落一途のアッシニア紙幣

一七九〇年はじめ、国民議会は一六〇〇万ポンド相当と称する紙切れ、もとへアッシニアを発行した。かくも大量の通貨を供給したにもかかわらず、効果のほうは焼け石に水。いったいフランス経済は、どういう状態に陥っているのだ？　おまけにこの紙幣、発行されたかと思うと、価値がいきなり五パーセント落ちた。ほどなくして下落幅は約七パーセントに達している。

事態は税収のあり方にも大きな影響を及ぼした。各地の徴税官が、金貨や銀貨で税を受け取ったくせ、国庫に納める段になるとアッシニアを使っている。そう報告を受けて、ネッケル財務総監は愕然となった。

別に意外な話ではない。税の受領と納入とで、使うカネの種類を切り替える、それだけで七パーセントの利益を手にできるとなれば、誰でもやるに決まっている。だとしても失態は失態だ。

ネッケル氏は貨幣に鋳造するための金や銀を（たぶん、主にロンドンの市場で）買いつけた。本来の価格より一万二〇〇〇ポンドもよけいに払うハメとなったものの、財務総監の決意は固かった。かの紙切れにいかなる隠れた御利益《ごりやく》があろうと、アッシニアだけで経済を運営することはできない。

本物の貴金属でつくられた通貨は絶対に必要だ。わけても軍人の俸給は、そちらの通貨で支払わねばならない。連中は本物の武器を持っている。気にくわないことにたいして、じっと耐えるいわれはない。俸給の引き上げを約束しておいて、価値が下落するばかりの紙切れを押しつけたりしたらどうなることか。

（訳注＝つまりネッケル財務総監も、商品貨幣論に基づいて行動している。ジャック・ネッケルはジュネーブ生まれの銀行家で、平民出身だが莫大な富を築いた。第二章においてバークは、一七八九年の三部会召集にあたり、平民代表の数がいままでの倍になったと述べているものの、これを提案したのもネッケルとされる。ただし同年五月五日、三部会で行われた彼の演説は、以下の言葉でしめくくられた。「議員諸君、世の中には時間をかけねば達成しえない変革もある。短気を起こさず、時の経過にゆだねるべきことはゆだねたまえ。すべての問題を一挙に片付けようとしたら、貧弱な成果しかあげられずに終わるだろう」）

ネッケル氏は国民議会にも要望を出した。「金貨や銀貨で受領した税金については、国庫にも金貨や銀貨で納入するように」という指示を、徴税官たちに出すよう頼んだのである。

アッシニアを発行するにあたって、革命政府は利率三パーセントの債務を抱え込んでいる（訳注＝三五五〜三五六ページの訳注を参照のこと）。それが七パーセントの価値下落をきたした状態で戻ってきたら？　フランス経済が発展する可能性は、控えめに言ってもきわめて低い。

国民議会は総監の要望を無視した。彼らは彼らでジレンマに陥っていたのだ。アッシニアによる税金の納入を認めれば、国庫から金貨や銀貨は消え失せる。けれどもアッシニアによる税納入を認めなかったり、「革命の護符」たるこの紙きれの価値を否定するような態度を少しでも見せたりしたら、国家の経済的信用をみずから吹き飛ばすに等しい。

議会は腹をくくった。アッシニアによる税納入を許可することで、自分たちが刷った紙切れの信用をわずかでも高めることにしたのだ。同時にハッタリだらけの宣言を口々にぶちあげる。金貨・銀貨とアッシニアは、価値の点で何の違いもない！

立法にかかわる人間がそんなことを言っても、経済に影響を与えられるとは思えないのだが、おそらくこれは、正しい信仰の条件を教皇会議で定めるようなものなのだろう。信じない者は破門というわけだ。せいぜい、お人好しな連中に信じさせておくがいい。もっとも相当なお人好しでも、これを信じるのは難しいかもしれない（訳注＝現代貨幣理論では、納税の手段に指定されることこそ、貨幣が正当性を確立するための不可欠の条件とされる。つまり国民議会の決定は、アッシニアが債券から貨幣へと移行する重要な転換点だった。金貨・銀貨の価値と、アッシニアの価値に違いがない旨、議会が宣言したのも当然の話）。

山師の猿真似がいいところ

財政再建をめぐる国民議会の計画は、影絵芝居のごとき幻にすぎない。はたせるかな、ジョン・ロウ氏のいかがわしい儲け話と比較されている（訳注＝ジョン・ロウは十八世紀初頭、フランスに「ミシシッピ会社」を設立したスコットランド人。同社をめぐり投機熱が生じたが、数年で破綻した。問題の比較を行ったのは、国民議会のメンバーで、のちに外相として活躍するタレーラン）。

革命派の指導者たちは、これを知って高邁なる怒りに駆られたようである。われわれの計画の基盤をなすのは教会の土地だぞ、ミシシッピ川と一緒にされてたまるか！　あの川の砂じゃ足元もおぼつかないだろう、しかるに教会は堅固きわまる岩の上に建っているのだ（訳注＝キリスト教信仰は「千歳《ちとせ》の岩」とも呼ばれる）。まったく我慢ならん！

ごもっとも。しかし革命の栄光を力説する前に、アッシニアにどれほど確たる価値基盤があるのか見せてもらおうではないか。ここでいう基盤とは、負債やら経費のツケやらで、がんじがらめになっていないものを指す。

ロウ氏の儲け話は、サギであれ立派にできていた。革命派の計画は、その退化した猿真似にすぎない。一緒にするなど氏に失礼である。

ミシシッピへの投機を煽るだけで、ロウ氏のビジネスが成り立っていたと考えるのは間違いだ。東インド貿易、アフリカ貿易、さらにはフランス中の徴税請負人たちが国庫に納める金をめぐる事業がそれにつけ加わっていた。

もとよりすべてを合わせたところで、期待されたような収益が得られるはずはない。だがロウ氏は収益を約束していなかった。投機熱に浮かされた人々が、都合のいい期待を勝手に抱いただけのこと。

この期待、革命派の計画に比べれば、妄想であろうと高貴なものだった。ロウ氏の儲け話に乗った人々がめざしたのは、フランスの商業を発展させることである。そのために世界規模の貿易をやろうとした次第。祖国を衰退させ、飢えたタコが自分の足を食うような状態に追いやった連中とはまるで違う。

だいたい忘れてもらっては困るが、ロウ氏の話を信じるかどうかは、金を出す側の自由に任されていた。われわれの投機計画に賛同しろと、力ずくで迫ったのではない。当時、そんな振る舞いは許されなかった。

「啓蒙」の名のもと、世界が闇に包まれてしまった現代においてこそ、サギを強制的に受け入れさせることが可能になったのである。残されたわずかな理性の光も、これによって消されてしまうに違いない。

おっと、思い出した。財政をめぐる革命派諸氏の手腕を物語る計画が、じつはもう一つ存在する。国民議会において鳴り物入りで提起されたものの、まだ最終的な採択には至っていないようだ。

これは例の紙切れ、もとへアッシニアの信用を確実に高める名案と目されており、卓抜な思いつきと実用性に多くの称賛が寄せられている。すなわち、取りつぶしとなった教会の鐘を溶かして貨幣をつくろうという計画である。

革命派の錬金術など、しょせんこの程度だろう。あまりにバカらしくて批判する気になれない。ツッコミを入れる意欲さえ起こらず、感想といえば、そんな愚行を大真面目に論じ合う連中への嫌悪ばかり。ゆえにさらなるコメントは差し控えることにする。

窮乏したパリが各地を搾取する

歳入の欠如は、くだらぬ小細工でごまかせるものではない。人間の権利についていくら叫び立てようと、ビスケット一枚、火薬一ポンドも買えはしない。

かくして観念論にうつつを抜かしていた革命派は、ようやく現実に目を向け、前例を踏まえて行動するようになる。何の前例か？　財政破綻だ。

敗北である。悪あがきの果ての面目丸つぶれ。息は切れ切れで、体力は消耗のきわみ。新たな知恵は何も浮かばず、理想はすべて水泡に帰した。ところが、ここまできても革命派は自信を失っていない。

国を治める力量などまったく持ち合わせていないことが明々白々となるや、彼らは自分たちの偉大な善行をひけらかす。歳入が目の前で消滅したとたん、革命派は恥知らずにも、国民議会でこんなことを言い出した。いわく、われわれは民衆の税負担を軽減することに成功したのだ（訳注＝この論法については、第十一章で紹介したヴェルニエの言動を想起されたい）。

ウソをつけ。ほんとうに税負担を軽減するつもりがあったのなら、地代や年貢を納めろとか、塩税を払えとか命じたことをどう説明する？　民衆は国民議会の意向に逆らうことで、税負担を自主的に減らしたのである。

とはいえ、負担軽減の手柄が誰のものかは二の次だ。この軽減とやらで、はたして人々は楽になったのか？　真相を知るうえで役立つのが、バイイ氏（訳注＝革命後、初のパリ市長となったジャン・シルヴァン・バイイのこと）の発言にほかならない。

バイイ氏は紙切れで経済を回すべしと声高に提唱した連中の一人だが、国民議会における演説でパリ市民を大いにほめちぎっている。調子こそ高らかなものの、いかにも苦しい賛辞は以下の通り——「困窮と悲惨の中にあっても、市民は革命の志をまげず、不屈の決意をもって耐え抜いている」。

幸せな市民たちよ！　革命派のもたらす「利益」や「救済」にかくも辛抱強く付き合うとは、自虐もここにきわまれり、まさに偉大なる勇気だ。彼らの意志をくじくことは、何者をもってしても不可能だろう！

学識豊かな市長様（訳注＝バイイは学者出身）の演説を聞いていると、過去一年あまり、パリは徹底した兵糧《ひょうろう》攻《ぜ》めを受けていたのではないかと思えてくる。けれども市民を苦しめている敵の正体は、彼ら自身の狂気と愚行にすぎない。革命派の妄想を真に受けたあげく、自分で自分の首を絞める倒錯を演じているのである。

この演説のしばらくあと、一七九〇年八月十三日、バイイ市長は再び国民議会の演壇に立ち、パリの現状をこう述べた。

「一七八九年七月（あの永遠に記念されるべき時）、市の財政はまだ健全だった。歳出と歳入は釣り合っており、銀行には一〇〇万リーブル（四万ポンド）の金が預けられていた。だが革命勃発いらい、市が負担しなければならなかった支出金額は二五〇万リーブルに上る。自主納税や献納にも大幅な落ち込みが生じた。パリは『一時的に金がない』状態にあるのではない、『まったく金がない』状態に置かれているのだ」

パリには過去一年間、財政を維持するために莫大な金がつぎ込まれた。フランス各地から吸い上げられた金である。にもかかわらず、結果はこんな具合。他の地域にたいするパリ市の優位が揺るがぬかぎり、同市はそれら諸地域を食い物にして生き延びるだろう。古代ローマと同じことだ。民主主義を標榜する共和制国家がいくつも存在すれば、弱肉強食の弊害が避けがたく生じる（訳注＝第九章でバークは、革命後のフランスにおいては、各自治体が独立性を持ち、小さな共和国のように振る舞っていると述べた）。

共和制が廃されて帝政となったあとも、ローマは周辺地域を搾取しつづけた。フランスでもそうなるかもしれない。この場合、専制君主が民衆をほめちぎり、人気取りをするという由々しい事態が起こる。帝政ローマでは、民主主義の弊害と独裁の弊害がこうして結びついてしまい、滅亡の大きな要因となった。

秩序なくして繁栄なし

民衆に向かって「国家が窮乏に陥ったおかげで、諸君の負担は軽減された」などと告げるのは、あつかましく冷酷なペテンである。

歳入はスッカラカンになったけど、国民の暮らしを楽にしてやれたと自己満足にひたるヒマがあったら、政治家たるもの、次の命題をまともに考えてみるがいい。それなりの税金を払うかわりに国家のサービスが受けられるのと、何のサービスも受けられないかわりに税金がゼロになるのと、人々にとって有益なのはどちらだ？

私は前者だと確信する。これは経験から得られた結論だが、世の賢者たちも賛成してくれるだろう。実際、社会全体の規模で、所得と課税のバランスを巧みに保つことは、本物の政治家に求められる重要な能力の一つと言える。

税金を払うには、まず所得を稼がねばならない。言い換えれば、人々が勤勉に働くことをうながすような社会秩序が必要となる。奴隷根性に陥った人間がけんめいに働くはずはないにしろ、反抗するばかりでもまずい。物わかりが良く従順であることは、ちゃんと稼ぐための条件と評しえよう。

人々は「社会の現状を受け入れる」という原則に従うべきなのだ。手の届かない財産があっても、強引に奪おうとしてはならない。働けば得られる財産については、けんめいに働いて手に入れることが大事である。

世の中、努力に見合った報酬が得られないことも多い。そんなときは、人生は束の間でしかなく、善良であれば死後に永遠の救いがもたらされることを思い出すべきだ。神の正義の絶対性の前には、現世の格差など些細なものにすぎまい。

すなわち宗教の権威を否定する者は、人々から格差に耐えるためのよりどころを奪ってしまう。これでは働く意欲が起こるはずもない。勤勉の精神は、倹約の精神とともに忘れ去られるだろう。

貧しい者やあわれな者は、結果的にますます追いつめられる。宗教を否定する者は、貧民の無慈悲な敵なのだ。のみならず、怠惰な者、世をすねる者、「負け組」に属する者は、けんめいに働いた者が得た財産や、蓄積された富を奪おうと暴れ出すに違いない。

財政の専門家は、この点になかなか目を向けようとしない。「歳入」と聞いて、彼らの大半が思い浮かべるのは、銀行や通貨、公的・私的な年金、永久地代、さらには金融に関係した他の細かい事柄といったところ。

社会秩序が安定していれば、これらも決して軽く扱われるべきではない。金融の専門知識とて、少なからぬ価値を持とう。金銭の扱いに強いのは良いことである。ただし、しっかりした秩序が基盤になければ話にならない。秩序なくして繁栄はなく、繁栄があってこそ金融も効果を発揮する。

乞食の小細工とも呼ぶべき財政の裏技を駆使すれば、社会秩序を根底からひっくり返しても国家は維持できるし、財産をめぐる所有権も安泰だ。こんな錯覚に陥った者たちは、祖国を台なしにすることで、悲しくも貴重な教訓を後世に残すだろう。

教訓とはこうである——メチャクチャな政治は大惨事を引き起こす。とりわけ傲慢で近視眼的、ついでに了見の狭い「英知」というやつに気をつけろ。

「自由な政府」をつくる難しさ

フランスを仕切る革命派の指導者たちは、あらゆる分野で無能ぶりをさらけ出し、国を末期的な状態へと追いやっている。これを隠蔽するために持ち出されるのが、何より尊いとされる「自由」の美名だ。

なるほど革命いらい、一部の人々はたいそう自由に振る舞っている。だが抑圧され、屈辱的な隷従の状態に置かれた人々のほうがずっと多い。ずばり圧倒的多数ではないか。

英知や道徳を伴わない自由とは何か？　世のさまざまな悪の中でも、もっとも忌まわしいものである。愚行、背徳、狂気が蔓延し、それらを抑え込む手段もなければ、身を守る手段もない。

自由には道徳が不可欠なのだ。頭が空っぽのくせに「自由、自由」と叫びたがる連中は不愉快きわまりない。思い上がりもいい加減にしろと言いたくなる。

高らかに自由を謳うこと自体を否定しているのではない。そこには胸を熱くするものがある。われわれは大きな心で寛大に行動するようになるし、争いの場では勇気をかき立てられる。

民衆の人気を取るべく、こまごました手を使うことにしても、いちがいに否定するつもりはない。彼らの支持があれば、さまざまな政策を実現するのが容易になる。人々が団結するのは望ましいことだし、民衆へのアピールを考慮するのは、政治家にとっても良い刺激だ。

道徳的な自由を説いていると、とかく主張が深刻になり、いつも眉間《みけん》にシワを寄せたような感じになりやすい。人気取りのためのジェスチャーは、それにちょっとしたユーモアを添えてくれる。政治家たるもの、少々妥協してでも愛嬌《あいきょう》を持たねばならないし、筋を通すだけが能ではない。柔軟さも必要なのである。しかし現在フランスで起きている事態は、こんな議論を持ち出すべき次元のものではない。

たんに政府をつくるというなら、大した知恵はいらない。権力の座を定め、服従を教え込む。これで一丁上がりだ。人々に自由を与えるのは、いっそうたやすい。わざわざ導いてやる必要などなく、手綱を緩めればそれですむ。

けれども「自由な政府」をつくるのはたいへんな仕事である。自由と統制という対極的な要素を、首尾一貫した形で融合させねばならない。ここで求められるのは、物事を多面的にとらえ、熟慮に熟慮を重ねることだ。賢明かつ強靱な精神の持ち主が、総合力を大いに発揮して、はじめて可能な芸当と言えよう。

国民議会の指導者たちは、そのような力量をまるで欠いている。いや、連中にしたところで、見かけほど救いがたく無能ではないのかもしれない。そう信じたいところである。でなければ、彼らの知性は人並み以下になってしまう。

問題は当の指導者たちが、ひたすら民衆の人気取り競争を続けていることだ。これでは力量があっても、新たな国家システムの構築という責務は果たせない。法律を制定するかわりに、彼らはおべっかを使い出す。民衆を導くのではなく、民衆の意のままに動くだけの存在となり果てる。

真の自由はどうあるべきかについて、正論を主張する者がいたとしよう。この人物が説く自由には厳然たる制約がつきまとう。それにたいし、民衆受けを狙うライバルたちが、いいことずくめのキレイゴトを並べ立てたらどうなる？　正論に勝ち目はない。

自由に制約を加えようとするのは、不純な動機が潜んでいるせいなのでは……、そんなウワサがささやかれるだろう。あまり極端なことをしないほうがいいと考えるのは臆病者のしるしで、妥協を提案するのは裏切り者の証拠ということになる。ならば指導者に残された道は？　民衆を煽るような主張を積極的に展開し、権力を掌握するしかあるまい。

まずは民衆の信頼を得ることだ。そうすれば、いずれは穏健な政策を取ったり、過激な行動を抑えたりすることもできる、こんなふうに考える者もいるだろう。とはいえ、いったん迎合に走ってしまったあと、あらためて毅然《きぜん》と正論を説けるはずがない。「目的が手段を正当化する」と割り切ったつもりでも、逆に「手段が目的を否定する」顚末に陥ることは明白である。

革命による改善は表面的だ

もっとも私とて、ガチガチに頑迷な石頭ではない。雨にも負けず、風にも負けずと、意地になって頑張る国民議会だが、評価に値する点はほんとうに皆無か？　数限りない暴挙や愚行に交じって、多少の善行がなされた可能性はある。そこまで否定する気はない。何もかもぶち壊そうとすれば、長らく存在していた弊害についても、いくつかぶち壊すことになるのは当然だ。すべてを新しくつくり上げようとすれば、公共の利益にかなったものも一つや二つはつくるだろう。

裏を返せば「良いことも多少はやった」というだけで、革命派の振る舞いを肯定するわけにはゆかない。彼らの善行は、権力を強引に奪取したあとでなされた。しかも奪取の過程においては、幾多の犯罪行為が重ねられている。

ならば革命という手段に訴えないかぎり、そのような功績を挙げるのは不可能だったことが示されねばなるまい。これが論証されるなら、革命派の善行を称賛しても良いし、犯罪行為もやむなしと考える余地が生じる。

ところが「革命派の功績」たるや、革命をやらかさなくとも達成されたに違いないものばかりなのだ。なぜなら彼らの政策の中で、はっきりプラスと評価できるものは、ほとんど一つ残らず、王の同意のもとに成立している。王は革命前に開かれた三部会で、すでにさまざまな譲歩を行った。革命後すら国民議会の命令を実行するにあたって、譲歩の内容を含んだ指示をつけ加えているのである。

従来の慣習の廃止に関しても、一部には正当な理由に基づくものが見られた。しかしそれらの慣習は、もともと大した弊害をもたらしていたわけではない。未来永劫《えいごう》にわたって存続したところで、聖職者であれ、貴族であれ、はたまた平民であれ、誰も困りはしなかっただろう。

廃止しないことには、国民の幸福と繁栄が損なわれるという話ではないのだ。要するに国民議会のなしとげた改善は表面的なものにすぎない。他方、彼らの犯した過ちは本質的なものである。

したがって私は、わがイギリスの同胞に以下のことを希望する。革命によりフランス社会が良くなった点もあるからといって、「あの国の例を手本にしてイギリス社会を良くしよう」などとは、ゆめゆめ考えないように。むしろフランス人にたいし、「イギリスのあり方を見習ってはどうかね」と勧めてやりたまえ。

われらの国体を尊重しよう

イギリスにおける国家の基本的なあり方、つまり国体は、国民一人ひとりにとって、計り知れない財産と呼びうる。たしかに憂慮すべき点や、不満のタネもいくらかはあるだろう。けれどもイギリス社会の問題点は、国体の構造に起因するものではない。国民の中に、不届きな振る舞いをする者もいるだけの話。

イギリスはうまくいっている。これは国体がしっかりしているおかげである。だが国体とは、あくまで総合的に評価されるべきものだ。特定の部分を抜き出して、ここが優れているとか、あそこが素晴らしいなどと言うことはできない。

国体が見直されたり、修正されたりしたことは何度かあった。注意すべきは、それらの見直しや修正に際して、変更された箇所や、新たにつけ足された箇所だけが、われわれの幸福を支えているのではないことである。変更の必要なしとして、古来の形のまま残された箇所も、国家の重要な基盤なのだ。

既存の国体を保ち、不当な侵害から守るためには、真の愛国心や自由の精神、および自主独立の気概が欠かせない。わが同胞は誇りをもって、「保守」の偉業を果たしつづけるだろう。

国家のあり方を変えてはならぬと主張しているのではない。だとしても、あらゆる変更の目的は、これまで享受してきた幸福を今後も維持すること、すなわち保守に置かれるべきである。

まずもって、よほど深刻な弊害が生じないかぎり、国体の変更に踏み切ってはならない。そして変更を行う際にも、「問題のない箇所はそのまま残す」という先達たちの手法を踏襲することが望ましい。国体の見直しとは、古くなった建物の修復工事を行うようなものだ。新しく建築する部分も出てくるだろうが、元の設計ができるだけ保たれるよう、十分に配慮したほうがいい。

わが国の父祖たちは、重大な決断を迫られたときほど、次の諸原則を重んじた。

（1）状況をよく見きわめ、軽率に行動しないこと
（2）不測の事態に備え、万全の用意をしておくこと
（3）臆病なくらい慎重であること

臆病といっても、これは勇気のなさに由来するものではなく、みずからが背負った責任の重さを自覚するがゆえのものだ。

フランスの革命派諸氏は、自分たちが英知の光に満ちていると吹聴する。わが国の父祖たちは、そんなうぬぼれとは無縁だった。人間は愚かであり、とかく過ちを犯しやすい——これこそ彼らの行動の前提となった発想である。

おかげでイギリスは神の祝福を受けるに至った。神は人間を不完全なものとしてつくったのだ。その点をわきまえ、謙虚に振る舞ったわが父祖たちにたいし、神は幸福と繁栄という褒美を与えた。

この謙虚さにならおうではないか。そうすれば神の褒美が得られるだろう。父祖たちが残してくれた国を、良い状態のまま保つこともできる。

国民全体の望みとあれば、国体に新たな要素をつけ加えてもいい。しかし過去の世代から受け継いだものは大事にすべきだ。イギリスの国体、それは大地のごとく安定した基盤である。

われらの大地を踏みしめよう。フランスの革命派は、気球に乗って空を飛ぼうとしたはいいが、強風に翻弄《ほんろう》されて墜落寸前というありさま。あの真似をしてはいけない。見物するだけにとどめておくべきだ（訳注＝革命勃発の六年前にあたる一七八三年、フランスでは史上初となる有人の熱気球飛行が行われた。その二年後、同国のピラトル・ド・ロジエは気球でドーバー海峡を渡ろうとしたが、うまくゆかず墜落死している）。

自由と秩序のバランスを求めて

私は自分の見解を率直に語ってきた。おそらくこれを読んでも、君の考えは変わらないだろう。そもそも君の考えを変えようとすべきなのかも、私にはわからない（訳注＝この「君」とは、フランス国民議会のメンバーでもあった青年シャルル・ジャン・フランソワ・デュポンのこと。本書はもともと、デュポン宛ての手紙として書かれている。なおデュポンは一七九六年、二十九歳の若さで死去。バーク同様、革命の終結を見ることはなかった)。

君はまだ若い。祖国の運命を変えられる立場にはなく、当の運命に従わねばならない身である。ただ将来、フランスのあり方が変わったとき、ここで述べた事柄が参考になるかもしれない。

フランスが現状のままで安定することはまずありえない。事態が最終的に落ち着くまでには紆余曲折が多々あるだろう。わが国の詩人の言葉にならえば、「未だ経験した者のいない幾多の試練をくぐり抜け」という具合だ。そして一つひとつの試練のたび、炎と血の洗礼が待っているに違いない。

これらの見解について自慢できる点があるとすれば、長年にわたる社会観察に基づいていることと、公平な視点に立っていることの二つだ。私は権力の手先になったことはなく、「ドン」と称される人々に媚《こ》びたこともない。人生の最終幕に至ったいま、ずっと貫いてきたモットーを変えようとは思わない。

公的なキャリアのほとんどを通じて、私は人々に自由をもたらそうと奮闘してきた。圧政への反感を別とすれば、わが胸中に激しい怒りがこみあげることはなく、不満を抱え込むこともない。

私は目下、他の善良な人々ともども、さる利権がらみの横暴を告発する活動にかかわっている（訳注＝一七七三年から一七八五年にかけて、インドで総督を務めたウォーレン・ヘイスティングスにたいする弾劾裁判を指す）。今回の革命をめぐる考察は、それにあてるべき時間を割いてまとめた。だが「圧政への抵抗と自由の支持」という、私の果たすべき使命から逸脱したわけではないと確信している。

栄誉、地位、富といったものを、私とて望まないわけではない。ただしこれらに執着はしないし、得られなかったとしても気にはならない。名声を軽蔑することはないが、悪評を恐れることもなく、つまらぬ論争は避けたいものの、言うべきことはきちんと言う。言動をつねに首尾一貫させるのが私の願いである。

とはいえ特定の主義主張に、ひたすら凝り固まるのは正しくない。自分の使命を果たすためなら、いつでも姿勢を柔軟に変えられる者こそ、真の首尾一貫性を持っているのだ。

私は自由を旗印にして、時代の大海原を渡ってきた。しかし自由も度を過ぎれば、社会という船を一方にばかり傾け、転覆させてしまう危険をはらむ。そんなときは、わが理性の錘《おもり》を反対側、すなわち秩序のほうに移したい。この錘はささやかなものにすぎないが、揺らぎかけたバランスを少しでも回復したいのである。

解説――『現代日本の省察』

評論家　中野剛志

『フランス革命の省察』は、十八世紀後半に活躍したイギリスの政治家エドマンド・バークが著した保守主義の最も重要な古典である。

その『フランス革命の省察』の新訳である本書の初版(単行本)は、二〇一一年とある。なぜ、その時期に、『フランス革命の省察』なのか。

二〇〇九年、自民党政権から民主党政権への政権交代が行われ、二〇一一年は菅直人内閣であった。もう忘れたい人も多いだろうが、当時、多くの国民が、この政権交代を「歴史的」などと評して大いに歓迎し、これで日本が抜本的に変わると期待したのである。

民主党政権は、選挙前に提示していたマニフェストの青写真に従って、各種の改革を推し進めようとした。特に、菅直人首相は自らの内閣を「奇兵隊内閣」と命名するなど、明治維新気取りで、日本という国を根本から変えるのだと意気込んでいたものだった。

しかし、結果は、周知の通りである。

改革は混乱を招いただけに終わり、民主党は内部抗争を繰り広げ、挙句の果てに分裂しながら下野した。民主党政権の崩壊は、その後の野党勢力の衰亡の原因となり、民主党政権の後を継いだ安倍晋三政権の歴代最長に大いに貢献した。

私は、今でも忘れられない。二〇〇九年の政権交代時の国民の雰囲気は、「(民主党に)一回、やらせてみるか」というものだった。その前年には、世界恐慌以来と言われたリーマン・ショックが勃発し、世界は不穏な空気に包まれていた。にもかかわらず、日本の有権者たちは、政権運営の経験に乏しい政治家たちに「一回、やらせてみるか」などという気分で、国家の舵取りをまかせたのであった。そして、その不真面目な判断によるツケを、今もなお、払い続けている。

その民主党政権下の二〇一一年に、佐藤氏は、この『フランス革命の省察』を、現代日本人にも読みやすいように分かりやすく訳出して世に問おうとした。その意図は、明らかである。

佐藤氏曰く、フランス革命の基本理念とは、「正しい目標をめざすかぎり、社会の変化は抜本的であればあるほど良く、また急速であればあるほど良い」という急進主義である。この急進主義は、フランス革命から今日に至るまで、「革命」あるいは「改革」を唱える者の「基本形」となった。

バークが『フランス革命の省察』において激しく攻撃したのは、ほかならぬこの急進主義であり、これを以て彼は「保守主義の父」となったのである。

バークは、フランス革命の帰結を見届ける前にこの世を去ったが、その後のフランス革命は、ほぼ彼が予測した通り、フランスのみならずヨーロッパ全土に大混乱をもたらした。民主党政権の顚末は、このフランス革命のミニチュア版と言ってよい。

次の一節は、民主党政権成立時の雰囲気のことではない。バークがフランス革命を批判した際の発言である。

熱い思いだの、眉唾《まゆつば》ものの希望だのを並べ立てて、「とにかく一度やらせてみよう」という雰囲気さえつくることができたら、あとは事実上、誰にも邪魔されることなく、やりたい放題やれることになる。（第八章）

なるほど、フランス革命が基本形となった急進主義を、民主党政権は引き継いでいたようである。

ところで、「正しい目標をめざすかぎり、社会の変化は抜本的であればあるほど良く、また急速であればあるほど良い」という急進主義の、いったい何が悪いというのか。改革派はそう言うであろう。それが分からないのは、一言で言えば、実践経験が浅いからである。

経験豊富な政治家は、知っている。

政策の真の当否は、やってみればすぐにわかるとはかぎらない。最初のうちは「百害あって一利なし」としか思えないものが、長期的にはじつに有益な結果をもたらすこともある。当初の段階における弊害こそ、のちの成功の原点だったということさえありうる。

これとは逆の事態も起こる。綿密に考案され、当初はちゃんと成果もあがっていた計画が、目も当てられない悲惨な失敗に終わる例は珍しくない。見過ごしてしまいそうなくらいに小さく、どうでもいいと片付けていた事柄が、往々にして国の盛衰を左右しかねない要因に化けたりするのだ。(第三章)

佐藤氏もプロローグで指摘しているが、社会や国家を運営するというのは、ことほどさように、困難な業である。ところが、急進主義者は、経験に乏しく、精神が未熟であるがゆえに、この現実の困難に耐えられない。

フランス国民議会が改革と称して、既存の制度の廃止やら全面的破壊やらにうつつを抜かしているのも、困難に直面するのをいやがって現実逃避を図っているにすぎない。（第八章）

このバークの指摘は、まことに鋭い。

世間は、改革派が「既存の制度の廃止やら全面的破壊やら」を叫ぶと、そこに困難に立ち向かう勇気と実行力を見るようだ。しかし、話はむしろ逆で、実のところは、単なる現実逃避だというのだ。現実逃避の改革が現実化することは、あり得ない。未熟な政治家による急進主義的な改革が必ず失敗に終わるゆえんである。

このように、本書が民主党政権下の二〇一一年を選んで出版された意味は、あまりにも現代的だったのである。佐藤氏もまた、バークのように、民主党政権の帰結が見えていた。『フランス革命の省察』を知る真正の保守主義者にとって、急進主義の失敗は初めから明らかだったのである。ちなみに、佐藤氏は、政権交代の二年前の二〇〇七年、『本格保守宣言』(新潮新書)を物《もの》している。嫌な予感でもあったのだろう。

いや、本書が出版された二〇一一年の意味は、民主党政権下というよりはむしろ、安倍政権の成立の前年ということにあったのかもしれない。

安倍政権は、「保守」政権とみなされ、「保守」派から絶大な支持を得ていた。民主党政権の下野と安倍政権の成立は、日本の「保守」化をしめすもののように論じる向きもあった。

文庫版まえがきにもある通り、安倍首相は、就任から一年が過ぎた二〇一四年一月、世界経済フォーラム年次総会(ダボス会議)の演説において、「昨年終盤、大改革を、いくつか決定しました」と誇った上で、こう宣言した。

「そのとき社会はあたかもリセット・ボタンを押したようになって、日本の景色は一変するでしょう」

社会のリセット・ボタンを押したような大改革! これこそ、バークが批判したフランス革命の急進主義そのものである。

真正の保守主義者であれば、改革については、次のような姿勢で臨むはずだとバークは言う。

国体が見直されたり、修正されたりしたことは何度かあった。注意すべきは、それらの見直しや修正に際して、変更された箇所や、新たにつけ足された箇所だけが、われわれの幸福を支えているのではないことである。変更の必要なしとして、古来の形のまま残された箇所も、国家の重要な基盤なのだ。既存の国体を保ち、不当な侵害から守るためには、真の愛国心や自由の精神、および自主独立の気概が欠かせない。わが同胞は誇りをもって、「保守」の偉業を果たしつづけるだろう。

国家のあり方を変えてはならぬと主張しているのではない。だとしても、あらゆる変更の目的は、これまで享受してきた幸福を今後も維持すること、すなわち保守に置かれるべきである。

まずもって、よほど深刻な弊害が生じないかぎり、国体の変更に踏み切ってはならない。そして変更を行う際にも、「問題のない箇所はそのまま残す」という先達たちの手法を踏襲することが望ましい。国体の見直しとは、古くなった建物の修復工事を行うようなものだ。新しく建築する部分も出てくるだろうが、元の設計ができるだけ保たれるよう、十分に配慮したほうがいい。

（終章）

これが、保守主義による改革というものである。「社会のリセット・ボタンを押す」などという台詞は、真正の保守主義者の口からは絶対に出てこないはずだ。

要するに、安倍政権の改革の理念は、保守主義ではなかったということだ。むしろ、民主党政権、いやフランス革命と同じ、急進主義であったのである。ならば、その改革がもたらすものは、社会の混乱と国家の衰退であろう。そして、実際、そうなった。だが、そんなことは『フランス革命の省察』を読んでいれば分かったはずであろう。

古典というものは、現代に活きる。『フランス革命の省察』は、まさに古典の代表格であると言える。

本書には、ほかにも、現代に活かせる驚くべき叡智が詰まっている。

例えば、バークは、フランス革命では、急進主義的改革の混乱に乗じて、二つの勢力が台頭し、結託したと指摘する。金融勢力と知識人である。特にバークが厳しく批判したのは、知識人であった。

カネは土地に比べて使い道が広い。このため金融勢力は冒険好きであり、いかなる計画であれ、とにかくやってみたがる。変化を望むなら、カネを活用するにしくはないのだ。

さらにフランスでは、もう一つ別の勢力が生まれ、金融勢力と結託するに至った。政治意識を持った知識人たちである。知識人は自己顕示欲が強いので、変化を嫌うことはめったにない。

言論にあきたらず、社会のあり方を力ずくで変えたくなった知識人一派は、外国の君主とも文通するに至った。相手の権勢をおだてることで、自分たちの夢見る改革を実践させようというわけである。

外国の君主に接触を試みたのと同じ動機で、知識人一派は金融勢力とも交流を深めた。物書きが一致団結して声をあげれば、世論にかなりの影響がもたらされる。とかく白い目で見られがちだった金融勢力は、知識人のおかげでイメージアップに成功した。

キワモノ好きの例にもれず、物書き連中は貧民や身分の低い者を熱烈に支援するポーズも取った。その一方、宮廷や貴族、あるいは聖職者については、彼らの問題点をさんざん誇張し、憎むべきものとして描き出した。これはデマゴーグのやり口である。かくして知識人一派は、革命成就という目的に向けて、イヤミな成金たちを、世の中への不満をつのらせた貧民と結びつける役割を果たした。（第六章）

これは、まるで、改革を煽動した現代日本の知識人たちの姿を描写しているかのようである。『フランス革命の省察』は、『現代日本の省察』と言っても過言ではあるまい。

さて、安倍政権も終わりを迎えた二〇二〇年、本書の文庫版が刊行されることとなった。民主党政権や安倍政権による急進主義の顚末を振り返りつつ、保守主義の現代的な意義を嚙みしめるのには、またしても、いいタイミングであると言えるだろう。

最後に、本書を読む上での注意事項を付記しておきたい。佐藤氏も解説している通り（「プロローグ」）、バークには、いくつか事実誤認があった。このため、歴史上の事実関係にこだわるよりは、バークの思想の大意をつかむようにして読むのがよいであろう。

例えば、バークは、本書の中で、商品貨幣論（貨幣の価値は金銀等の貴金属の価値が裏付けているとする貨幣観）や健全財政論を披露している。それゆえ、保守主義を、金本位制や健全財政論と結び付ける向きもある。

しかし、商品貨幣論や健全財政論は、今日、「現代貨幣理論」によって、その誤りが指摘されている。もっとも、「現代貨幣理論」は、十九世紀から二十世紀にかけての通貨や財政の歴史を踏まえて構築されたものであり、それをバークが知らないのも当然であった。

むしろ、重要なのは、バークがこう言っていたことである。

最初に理論があり、それを踏まえてシステムがつくられる事例はめったにない。実践を通じて練り上げられたシステムが先にあって、そこから理論が抽出されるのだ。（第八章）

「現代貨幣理論」とは、まさに、実践から抽出された理論なのである。

「バークが健全財政を唱えていたから、保守主義は健全財政を目指すべきだ」などという姿勢は、むしろバークの教えに反するものと心得るべきであろう。

＊この作品は、二〇一一年三月にＰＨＰ研究所より刊行されたものを、文庫化にあたり再編集しています。
＊本文中、現代の観点からは不適切と思われる箇所がありますが、十八世紀の書の翻訳という性格上、当時の身分制度や社会背景などを踏まえ、原著の表現をそのまま用いたことをお断りしておきます。

編訳者紹介

佐藤健志（さとう　けんじ）

1966年、東京生まれ。評論家・作家。東京大学教養学部卒業。

1989年、戯曲『ブロークン・ジャパニーズ』で、文化庁舞台芸術創作奨励特別賞を当時の最年少で受賞。1990年、最初の単行本となる小説『チングー・韓国の友人』（新潮社）を刊行した。

1992年の『ゴジラとヤマトとぼくらの民主主義』（文藝春秋）より、作劇術の観点から時代や社会を分析する独自の評論活動を展開。これは21世紀に入り、政治、経済、歴史、思想、文化などの多角的な切り口を融合した、戦後日本、さらには近代日本の本質をめぐる体系的探求へと成熟する。

主著に『感染の令和』『平和主義は貧困への道』（以上、KKベストセラーズ）、『右の売国、左の亡国 2020s ファイナルカット』（経営科学出版）、『バラバラ殺人の文明論』（PHP研究所）、『夢見られた近代』（NTT出版）、『本格保守宣言』（新潮新書）、『僕たちは戦後史を知らない』（祥伝社）など。共著に『新自由主義と脱成長をもうやめる』（東洋経済新報社）、『対論「炎上」日本のメカニズム』（文春新書）、『国家のツジツマ』（VNC）、訳書に『コモン・センス　完全版』（PHP研究所）がある。

2019年いらい、経営科学出版でオンライン講座を制作・配信。『痛快！戦後ニッポンの正体』全３巻、『佐藤健志のニッポン崩壊の研究』全３巻、『佐藤健志の２０２５ニッポン終焉　新自由主義と主権喪失からの脱却』全３巻を経て、最新シリーズ『経世済民の作劇術』に至る。2021年～2022年には、オンライン読書会『READ INTO GOLD～黄金の知的体験』も同社により開催された。

PHP文庫　［新訳］フランス革命の省察
「保守主義の父」かく語りき

2020年12月15日　第1版第1刷
2024年11月14日　第1版第3刷

著　者　エドマンド・バーク
編訳者　佐藤健志
発行者　永田貴之
発行所　株式会社ＰＨＰ研究所
東京本部　〒135-8137 江東区豊洲5-6-52
ビジネス・教養出版部　☎03-3520-9617(編集)
普及部　☎03-3520-9630(販売)
京都本部　〒601-8411 京都市南区西九条北ノ内町11
PHP INTERFACE　https://www.php.co.jp/
組　版　月岡廣吉郎
印刷所
製本所　大日本印刷株式会社

ISBN978-4-569-90094-0

PHP文庫

［新訳］ローマ帝国衰亡史

エドワード・ギボン 著／中倉玄喜 編訳

ローマ帝国1500年の歩みを描いた名著を一冊にまとめたダイジェスト版。希代の歴史家が綴る文明盛衰の物語をわかりやすい新訳で読む。